Joseph Nirschl

Die Theologie des heiligen Ignatius

Joseph Nirschl

Die Theologie des heiligen Ignatius

ISBN/EAN: 9783743340077

Hergestellt in Europa, USA, Kanada, Australien, Japan

Cover: Foto ©Lupo / pixelio.de

Manufactured and distributed by brebook publishing software (www.brebook.com)

Joseph Nirschl

Die Theologie des heiligen Ignatius

Die
Theologie des heiligen Ignatius,

des

Apostelschülers und Bischofs von Antiochien,

aus

seinen Briefen dargestellt

von

Dr. Joseph Nirschl.
o. ö. Professor der Theologie an der Universität Würzburg.

Mainz,
Verlag von Franz Kirchheim.
1880.

Vorwort.

Indem ich die vorliegende Schrift der Oeffentlichkeit übergebe, halte ich es für angemessen, ihr einige Worte über Anlaß und Tendenz vorauszuschicken.

Den ersten Anlaß dazu bot die außerordentliche Wichtigkeit der Briefe des Ignatius, deren Aechtheit mit Grund nicht mehr zu bezweifeln ist. Das Verdienst, die große Controverse darüber zum Abschluß gebracht zu haben, gebührt außer mehreren Andern besonders Theod. Zahn, der in einer sehr eingehenden und scharfsinnigen, negativen und positiven Beweisführung die Aechtheit derart erhärtet hat, daß es einer redlichen und ernsten Forschung nicht mehr zusteht, auf nergelnde, grundlose Bedenken hin sie in Abrede zu stellen. Zahn ist in vollem Rechte, wenn er, nachdem er im Verlaufe derselben schon manche Rüge über die leichtfertige und kritiklose Art, mit der man die Briefe mitunter bestritten hat, ausgesprochen, seine Untersuchung mit den Worten schließt: „Es wird daher wohl für immer bei dem Urtheile Rothe's verbleiben, daß demjenigen, der den ignatianischen Briefen, sofern er vorurtheilsfrei an dieselben herantrete, die für die Aechtheit bürgenden Eigenthümlichkeiten nicht abfühle, die Fähigkeit einer sicheren Auffassung schriftstellerischer Individualitäten nicht zuzutrauen sei. Es hat bei denen, welche sich in die ignatianischen Briefe nicht zu finden wußten, nicht immer an dieser Fähigkeit, aber um so mehr an der Neigung gefehlt, alte oder neue Vorurtheile den unfehlbaren Zeugnissen der Geschichte zu opfern¹)." Was die Wichtigkeit dieser Briefe anbelangt, so gehören sie, wie allgemein anerkannt ist, nicht nur zu den ältesten, sondern auch kostbarsten Dokumenten der ganzen christlichen Literatur. Die Person des Verfassers, die Zeit der Abfassung, die Umstände, unter denen sie entstanden, der Inhalt verleihen ihnen diese außerordentliche Bedeutung.

Der Zeit nach reihen sie sich unmittelbar an die Schriften der Apostel an, bilden sie eine Art Fortsetzung ihrer Briefe; denn ihr Verfasser war einer der berühmtesten Schüler der Apostel, der zweite Nachfolger des Petrus auf dem Bischofssitze von Antiochien, der angesehenste Bischof des ganzen Morgenlandes, ein Mann von ganz apostolischem Geiste.

Auch die Umstände, unter denen sie entstanden, machen sie überaus ehrwürdig. Denn Ignatius schrieb sie auf seinem Transporte nach Rom zu Smyrna und Troas, also auf seinem Gange in den Tod, als ein Gefesselter um Jesu Christi willen. Sie sind daher gleichsam sein Testament, die letzten Lehr- und Mahnworte eines für den Glauben an seinen göttlichen Meister in den Tod gehenden Oberhirten. Da sie an die kirchlichen Vorsteher und an ganze Christengemeinden, an die von Ephesus, Magnesia, Tralles, Rom, Philadelphia und Smyrna und an Polycarp, den Bischof dieser Stadt, gerichtet sind, so haben sie überdies die Eigenschaft officieller kirchlicher Lehr- und Pastoralschreiben.

Ferner zählen sie auch vermöge ihres Inhaltes zu den werthvollsten Vermächtnissen der apostolischen Zeit. In ihnen zeigt sich Ignatius als einer der tiefsinnigsten und gemüth-

---

1) Ignatius von Antiochien. Von Theodor Zahn. Gotha. 1873. S. 541.

vollsten Theologen, dessen gotterfüllter, contemplativer und doch ungemein energischer Geist eine reiche Fülle der schönsten dogmatischen Gedanken und sittlichen Vorschriften darin niedergelegt hat. Diese Briefe athmen eine unsägliche Liebe zu Christo, wie sie nur einem Schüler des Apostels der Liebe eigen sein konnte. Sie offenbaren aber auch einen Ernst des Geistes und eine Kraft des Gemüthes, verschmolzen mit der größten Innigkeit und Herzlichkeit, überhaupt einen tief mystischen Zug des ganzen Denkens und Lebens, der den heiligen Verfasser auch als einen Geistesverwandten des Weltapostels erkennen läßt. Ein solcher Geistesmann verdient es gewiß, daß seine Gedanken und Aussprüche in systematischer Ordnung zusammengestellt wurden. So zusammengestellt, bieten sie einen geistreichen Inbegriff der wesentlichsten Punkte der christlichen Glaubenslehre und zugleich eine schöne Anleitung zur christlichen Bildung des Geistes und Lebens.

Einen andern Anlaß bot dann die Wahrnehmung, daß man an der Theologie des berühmten Apostelschülers Verschiedenes auszusetzen gefunden hat. Man ist hierin soweit gegangen, daß man ihn sogar zum Patripassianer gemacht, daß man Lehren in seinen Briefen gefunden hat, die ihm durchaus fremd sind, gegen die seine entschiedenste Polemik gerichtet ist. Es konnte dies nur dadurch geschehen, daß man eine Stelle urgirte und die übrigen ignorirte. Dagegen sollte er in dieser Schrift sicher gestellt werden. Indem seine Theologie vollständig dargelegt wird, indem stets seine eigenen Worte sei es im Texte oder in den Anmerkungen beigefügt sind, kann eine derartige Mißdeutung nicht mehr statt haben, da der Leser hiedurch in den Stand gesetzt ist, selbst zu prüfen und zu urtheilen. Die Lehre des Ignatius liegt in seinen Briefen klar vor; es bedarf nur einer unbefangenen Auffassung.

Hiedurch gestaltete sich die Schrift von selbst zu einer Apologie einerseits des heiligen Verfassers der Sendschreiben gegenüber einer unrichtigen Deutung mancher seiner Aussprüche und andererseits der katholischen Lehre und Kirche; denn seine Lehre ist durchaus die apostolische, katholische. Seine Briefe zählen zu den ältesten und berühmtesten Zeugnissen für die katholische Lehre und Kirche.

Endlich schien eine Darlegung der Ignatianischen Theologie auch aus dem Grunde angezeigt, weil sie gerade für die Gegenwart von besonderer Bedeutung ist. Ignatius hat nämlich in seinen Briefen die Grunddogmen des Christenthums, die Lehre von der Person des Erlösers, von der Verfassung der Kirche und dem kirchlichen Gemeinschaftsleben, von der Natur und Nothwendigkeit des Glaubens ganz besonders betont und hervorgehoben. Die großen theologischen Fragen der Gegenwart betreffen aber gerade wieder diese Fundamentalsätze. Es schien von Nutzen zu sein, den ehrwürdigen Apostelschüler in diesen Fragen sich aussprechen zu lassen. Denn er ist ein apostolischer Lehrer, der gewiß Glauben verdient, ein Muster im Glauben, das man nicht genug bewundern kann, ein hochherziger Zeuge des Glaubens, der dafür sein Leben eingesetzt hat. Durch ihn wird sich der Gläubige erfreut und in seinem Glauben gestärkt fühlen, der ernste Forscher aber zu reiflichen Erwägungen verpflichtet erachten, wenn er sieht, wie der große Martyrer mit wirklich hochbeglückter Freudigkeit so begeistert Zeugniß ablegt für die Gottheit des Erlösers, für seinen Erlösungstod und seine Auferstehung, für die göttliche Stiftung und Verfassung der Kirche und für die übrigen Hauptpunkte des christlichen Glaubens.

Nicht minder sind dann auch seine Mahnworte beherzigenswerth, indem er immer wieder und in der eindringlichsten

Weise die Eine große Wahrheit verkündet und einschärft, daß nur in Christo und seiner Kirche Heil und Rettung sei, daß, je größer die Gefahren der Zeit sind, die Gläubigen um so inniger und unzertrennlicher an Christus und an die Kirche und die kirchlichen Vorsteher und an einander in Einem Glauben und Einer Liebe sich anschließen sollen.

Aus diesem wissenschaftlichen und religiös sittlichen Interesse hat nun die gesammte Theologie des Gottesträgers, nachdem einzelne Partien derselben in zwei Schulprogrammen vor geraumer Zeit veröffentlicht worden sind, eine zusammenfassende, systematische Darstellung erhalten. Da sie in seinen Briefen nur in einzelnen, zerstreuten Sätzen, wie der Zweck der Sendschreiben und der Drang des Gemüthes es eben mit sich brachte, vorliegt, so war sie wie aus bruchstückartigen Elementen zusammen zu setzen, und mußte mancher blos angedeutete tiefe Gedanke zum vollen Verständnisse eine weitere Ausführung aus der ganzen theologischen Grundanschauung des tiefsinnigen Verfassers erhalten.

So möge die Schrift Einiges beitragen zur richtigen Beurtheilung und genaueren Kenntniß der Theologie des ehrwürdigen Apostelschülers, zur Befestigung des christlichen Glaubens und Bildung des christlichen Sinnes und Lebens.

Würzburg, im December 1879.

Der Verfasser.

Inhalt.

Vorwort III

Erstes Kapitel.
Die Lehre von Gott.
§. 1. Die Einheit Gottes. Gott der Vater 1
§. 2. Die Gottheit des Sohnes 3
§. 3. Die Gottheit des heiligen Geistes . . 10

Zweites Kapitel.
Die Lehre von der Erlösung.
§. 1. Christus der Erlöser 15
§. 2. Das Erlösungswerk Jesu Christi — das Christenthum 20
§. 3. Das Verhältniß des Christenthums zum Judenthum 27

Drittes Kapitel.
Die Lehre von der Kirche.
§. 1. Die Kirche Jesu Christi. Ihre Einheit 33
§. 2. Die Katholicität, Heiligkeit, Apostolicität und Indefectibilität der Kirche 39
§. 3. Die Grundform der Verfassung der Kirche . . 44

Viertes Kapitel.
Die Verfassung der Kirche.
§. 1. Das Amt und die Pflichten des Bischofs 49
§. 2. Amt und Pflichten der Presbyter und Diakonen . . 57
§. 3. Das Präsidium der römischen Kirche . . 61

Fünftes Kapitel.
Die Lehre vom kirchlichen Gottesdienste und den Sacramenten.
§. 1. Der kirchliche Gottesdienst überhaupt . . 68
§. 2. Die Eucharistie als Opfer und Sacrament . 76
§. 3. Die übrigen Sacramente 93

Sechstes Kapitel.
Die Lehre von der Rechtfertigung und dem religiös sittlichen Leben.
§. 1. Princip, Ursprung und Vollendung des christlichen Lebens 100
§. 2. Das Wesen der Rechtfertigung 109
§. 3. Die Früchte der Rechtfertigung; das christliche Leben im Besonderen 116

Siebentes Kapitel.
Der Gegensatz gegen das Christenthum in Doctrin und Praxis 122

Erstes Kapitel.
Die Lehre von Gott.

§. 1.
Die Einheit Gottes. — Gott der Vater.

Die dogmatische Lehre von Gott faßt zwei Hauptmomente in sich: Die Einheit des göttlichen Wesens und die Dreiheit der Personen. Beide haben durch Ignatius eine klare Aussprache erhalten, zwar nicht in einer lehrmäßigen Erörterung über Gott und seine Wesenheit, sondern in einzelnen concreten Aeußerungen seines Glaubensbewußtseins zum Behufe paränetischer und apologetischer Begründung, wie es der Sprache und der Bestimmung seiner Lehrschreiben an die gläubigen Gemeinden angemessen war.

Ein schönes Bekenntniß der Einheit legte er in seinem Verhöre vor Kaiser Trajan ab. Dieser stellte nämlich an den unerschrockenen Bekenner, weil er sich einen Theophorus genannt, die Frage, wer denn ein Gotteträger sei. Darauf erwiederte Ignatius: „Wer Christum im Herzen hat[1]." Als dann Trajan dieser Bemerkung mit der weiteren Frage entgegnete: „Wir also scheinen dir die Götter nicht im Gemüthe zu haben, deren wir uns als Mitkämpfer gegen unsere Feinde bedienen?", sprach Ignatius freimüthig die schönen Worte: „Du irrst, wenn Du die Dämonen der Heiden Götter nennst. Denn es ist nur Ein Gott, der den Himmel und die Erde und das Meer und Alles, was darin ist, gemacht hat, und Ein Christus Jesus, der eingeborene Sohn Gottes, dessen Reiches ich mich erfreuen möchte[2]."

Dieses Bekenntniß hatte die Verurtheilung des muthigen Bekenners zur Folge. „Wir befehlen," schloß der Kaiser das Verhör, „daß Ignatius, der sagt, er trage den Gekreuzigten mit sich herum, gefesselt und von den Soldaten nach dem großen Rom abgeführt werde, damit er dort eine Speise der wilden Thiere werde zur Belustigung des Volkes."

---

1) Ὁ Χριστὸν ἔχων ἐν στέρνοις. Martyr. s. Ign. c. 2. — 2) l. c.

In seinen Briefen hebt Ignatius die Einheit Gottes zweimal hervor. Einmal auch hier, wie in seinem Bekenntnisse vor Trajan, in Rücksicht auf den Polytheismus des Heidenthums, indem er darauf hinweist, daß die Propheten des alten Bundes dem Heidenthum gegenüber die Aufgabe hatten, „die Ungläubigen zur Ueberzeugung zu bringen, daß nur Ein Gott sei, der sich in Christo Jesu seinem Sohne geoffenbart hat¹)." Wie in den Worten des unerschrockenen Bekenners vor Trajan die Schöpfung des Universums, so ist in diesen die Offenbarung des alten und neuen Bundes, in den Propheten und in Christo, auf den Einen wahren Gott zurückgeführt und damit auch der ursprüngliche und sachliche Zusammenhang des Judenthums und Christenthums angedeutet gegenüber jenem Irrthume der judaistischen Doketen, der in der alttestamentlichen Offenbarung entweder ein Werk des bösen Gottes oder des Demiurgos sehen wollte.

Das andere Mal bezeichnet er Gott als die absolute Einheit. „Gott verkündet die Einheit, die er selbst ist²)." Ignatius spricht hiermit einen Grundgedanken seiner ganzen theologischen Auffassung aus. Die Einheit Gottes ist ihm nämlich Typus und Grund der Einigung der Menschen mit Gott in Christo. Weil Gott in sich die Einheit ist, weil die drei göttlichen Personen in Einem Wesen und Leben geeinigt sind, so will und verkündigt Gott auch die Einheit der ganzen Menschheit wie in Einer Natur, so auch in Einem Leben in Gott. Die göttliche wesenhafte Einheit ist somit der Grund des Seins aller Dinge; daher ist auch der letzte Zweck des göttlichen Wirkens in der Welt kein anderer als die Zurückführung der Menschheit in die Einheit mit Gott in und durch Christus. Weil Christus mit dem Vater eins ist, darum sollen durch ihn auch alle Menschen mit Gott eins werden und sein.

Weiter wird diese substanzielle Einheit Gottes nicht erörtert, vielmehr für das christliche Bewußtsein als selbstverständlich vorausgesetzt: es werden stets der concreten Sprache der apostolischen Briefe gemäß die göttlichen Personen genannt, und zwar nach der Wirksamkeit, die einer jeden als ihr eigenthümlich im Heilswerke der Menschen zukommt.

Der Vater ist Grund und Endziel des göttlichen Wirkens: er ist im Besitze der göttlichen Macht, Majestät und Wesensfülle³), aus

---

1) Ὅτι εἷς Θεός ἐστιν, ὁ φανερώσας ἑαυτὸν διὰ Ἰησοῦ Χριστοῦ, τοῦ υἱοῦ αὐτοῦ. *Ad Magn. c.* 8.
2) Τοῦ Θεοῦ ἑαυτὸν ἐπαγγελλομένου, ὅ ἐστιν αὐτός. *Ad Trall. c.* 11.
3) Μέγεθος, πεπλήρωται, πλήρωμα. *Ad Rom. Philad. Ephes. Proem.*

welcher der Sohn hervorgeht. Er heißt daher schlechthin Gott¹) und der Vater Jesu Christi²). Er ist der Schöpfer des Weltalls und Alles dessen, was darin ist. Er faßt auf Grund des Todes Jesu den Rath=schluß der Erbarmung vor aller Zeit³) zugleich mit dem Sohne, in Folge dessen dieser im Schooße der Jungfrau durch den heiligen Geist Mensch wurde. Dem Vater kommt daher zu die Sendung des Sohnes in die Welt. In Christo hat sich der Vater selbst geoffenbaret; Christus ist der untrügliche Mund, durch den der Vater wahrhaft geredet hat⁴). Vom Vater als dem Urgrund der Erbarmung und dem Grundquell der Gnade geht auch alle Heiligung und Erleuchtung aus, auch die Erhörung des Gebetes derjenigen, die er als lebendige Glieder seines Sohnes erkennt, und die als solche zu ihm rufen. In seinem Sohne erfüllt er alle Bitten, weil er an ihm alles Wohlgefallen hat und weil er der Treue ist⁵). Dem Vater gehört die in Christo wiedergeborene Menschheit. Jeder Christ und die ganze Christenheit ist eine Pflanzung des Vaters, die unter der Pflege Jesu Christi steht⁶), ein geistiges Gebäude des Vaters, das vom Sohne und heiligen Geiste bereitet ist⁷), seine in der Liebe geeinigte Gemeinde oder Kirche. Diese ist daher mit dem Namen des Vaters und Jesu Christi geschmückt⁸). Der Vater ist darum auch der unsichtbare Hirt und Bischof Aller⁹); er setzt die sichtbaren Bischöfe und sendet sie in seine Kirche als sein Hauswesen; deshalb sind diese als seine sichtbaren Stellvertreter anzusehen und ebenso zu ehren, wie er selbst¹⁰). Weil die Gläubigen ihm ange=hören, darum wird er sie einst, wie er Christum auferweckt hat zur Herrlichkeit, zu einer ähnlichen Glorie auferwecken¹¹).

§. 2.
Die Gottheit des Sohnes.

Sehr oft kommt Ignatius auf die göttliche Würde des Erlösers zu sprechen. Dazu hatte er aber auch die dringendste Veranlassung, da gerade diese Grundlehre des Christenthums von den Irrlehrern

1) *Ad Trall.* c. 1 et 7. *Philad.* c. 3. *Smyrn.* Proem.
2) *Ad Ephes.* c. 2. *Magn.* c. 3. *Trall.* et *Rom.* Proem.
3) Πρὸ αἰώνων. *Ad Ephes.* Proem. et c. 18.
4) Τὸ ἀψευδὲς στόμα, ἐν ᾧ ὁ πατὴρ ἐλάλησεν ἀληθῶς. *Ad Rom.* c. 8.
5) *Ad Trall.* c. 13. *Magn.* c. 8. *Rom.* c. 2.
6) Ἀπέχεσθε τῶν κακῶν βοτανῶν, ἅστινας οὐ γεωργεῖ Ἰησοῦς Χριστός, διὰ τὸ μὴ εἶναι αὐτοὺς φυτείαν πατρός. *Ad Philad.* c. 3.
7) *Ad Ephes.* c. 9. — 8) *Ad Rom.* Proem. *Ephes.* c. 4 et 5 sqq. — 9) *Ad Magn.* c. 3. — 10) *Ad Philad.* c. 1. *Ephes.* c. 6. — 11) *Ad Trall.* c. 9.

seiner Zeit auf das heftigste angefochten und damit auch das Christenthum als göttliche Lehre, That und Gnadenanstalt negirt war. Es waren dies einerseits die Vertreter des Judenthums als solche, die Christum verwerfend, noch immer die Geltung des mosaischen Gesetzes behaupteten und in dessen Beobachtung die Bedingung des Heiles sahen; andererseits die heidnisch-gnostische Richtung, welche, von der Aeonenlehre ausgehend, Christum für einen der höheren Geister (Aeonen) erklärte, der in dieser sichtbaren Welt in einer Scheingestalt oder mit einem ätherischen Leibe bekleidet herniedergekommen, um durch seine Lehre und durch sein Beispiel die in der Körperwelt eingeschlossenen Menschenseelen in das Lichtreich (Pleroma), dem sie ursprünglich angehört hatten, wieder zurückzubringen [1])."

Gegen diese beiden falschen Richtungen und Systeme hatten schon die Apostel zu kämpfen gehabt, und Johannes hat gerade gegen die Irrthümer der letzteren Art sein Evangelium geschrieben, um die Gottheit und wahre Menschwerdung des Logos und die Göttlichkeit des Christenthums mit seinem apostolischen Ansehen am Schlusse der apostolischen Zeit noch einmal kräftigst zu bezeugen. In seine Fußstapfen tritt nun sein Schüler Ignatius. Auch er ist von dem Glauben an die göttliche Würde des Erlösers so ganz erfüllt und begeistert, daß es scheint, als könne er nicht oft genug davon Zeugniß geben, daß sein Bekenntniß wie ein freudiger Lobgesang auf den Gottmenschen aus seiner ganz in Christo lebenden und durch ihn hochbeglückten Seele hervordringt.

Die göttliche Würde des Logos resultirt schon aus der Einheit des göttlichen Wesens, die Ignatius, wie wir gesehen haben, so bestimmt hervorhebt; sie folgt ferner aus der vollkommenen Gemeinschaft des Sohnes mit dem Vater in göttlicher Macht und Wesensfülle und in allen Acten göttlicher Thätigkeit, angefangen von der Fassung des ewigen Rathschlusses der Erbarmung, der hervorging aus dem Liebewillen des Vaters und des Sohnes, bis zur Vollendung des Heilswerkes in der Auferstehung und Verklärung der Gerechten, die ebenfalls beiden zugleich zukommt, indem der Sohn nichts thut ohne den Vater, und der Vater alles in Vereinigung mit dem Sohne, da der Sohn mit dem Vater geeinigt ist [2]); sie folgt endlich aus den göttlichen Attributen,

1) S. unt. 7. Kap.
2) Ὥσπερ οὖν ὁ κύριος ἄνευ τοῦ πατρὸς οὐδὲν ἐποίησεν, ἡνωμένος ὤν, οὔτε δι' αὑτοῦ, οὔτε διὰ τῶν ἀποστόλων οὕτως μηδὲ ὑμεῖς ἄνευ τοῦ ἐπισκόπου καὶ τῶν πρεσβυτέρων μηδὲν πράσσετε. Ad Magn. c. 7.

die Ignatius dem Sohne beilegt, und aus den näheren Bestimmungen, die er über sein Verhältniß zum Vater gibt.

Eine solche gibt er, indem er den Logos, „den Sohn des Vaters," oder noch öfter, „den Einen Sohn des Einen Vaters," „den eingebornen Sohn Gottes¹)" nennt; dann wenn er sagt, daß „der Sohn vom Vater ausgegangen und in ihm ist und zu ihm zurückgekehrt ist²)", womit sowohl sein persönliches Ausgehen und seine zeitliche Sendung vom Vater, als auch sein immer präsentes, also ewiges Sein in ihm prädicirt ist; ferner wenn gesagt wird, „der Sohn ist mit dem Vater zusammengegossen³)," d. i. in realer, untrennbarer Lebensgemeinschaft, in Wesenseinigung; ebenso wenn dessen ewiger Ursprung aus dem Vater und göttliche Natur seiner zeitlichen Geburt und menschlichen Natur entgegengesetzt werden in den wenigen, aber äußerst prägnanten Worten: „Es gibt nur Einen Arzt, der Fleisch (Mensch) und Geist (Gott) ist⁴), geboren und ungeboren, im Fleische gewordener Gott, im Tode wahrhaftes Leben, sowohl aus Gott als auch aus Maria, zuerst leidens-

---

1) *Ad Magn.* c. 7. *Trall.* c. 3. *Rom.* Proem. *Martyr. s. Ignat.* c. 2 et 3.

2) Συντρέχετε .... ὡς ἐπὶ ἕνα Ἰησοῦν Χριστόν, τὸν ἀφ᾽ ἑνὸς πατρὸς προελθόντα καὶ εἰς ἕνα ὄντα καὶ χωρήσαντα. *Ad Magn.* c. 7. „In dem Einen seiend" (εἰς ἕνα ὄντα) zwischen ausgegangen (προελθόντα) und zurückgekehrt (χωρήσαντα) deutet an, daß Christus auch während seiner Erscheinung und Wirksamkeit auf Erden als Sohn Gottes in der wesenhaften Verbindung mit dem Vater verblieben, daß somit diese Einheit eine ewige und unauflösliche, eine Einheit des Wesens sei. Am Texte ist nichts zu ändern; εἰς steht in demselben Sinne, wie πρός, Joh. 1, 1. 2.: ἦν πρὸς τὸν Θεόν. Es zeigt im Gegensatze zur Ruhe die Lebensbewegung an.

3) Ὑμᾶς μακαρίζω, τοὺς ἐγκεκραμένους οὕτως, ὡς ἡ ἐκκλησία Ἰησοῦ Χριστῷ, καὶ ὡς Ἰησοῦς Χριστὸς τῷ πατρί. *Ad Ephes.* c. 5.

4) Ign. versteht unter σαρκικός (fleischlich) die ganze reale Menschheit und unter πνευματικός (geistig) die göttliche Natur des Logos. *Magn.* c. 13. *Smyrn.* c. 1. Auch in der heil. Schrift bezeichnet σάρξ die ganze menschliche Natur Christi (Joh. 1, 24.). Dieselbe Bedeutung für Menschheit und Gottheit haben σάρξ und πνεῦμα auch bei *Clemens rom.* ep. 2. ad Cor. c. 9. ebenso im *Pastor Hermae*, sim. V. 6; überhaupt bei den ältesten Vätern. Ex his Jesus consistit, ex carne homo, ex spiritu Deus. *Tertull. adv. Prax.* c. 27. Mit πνεῦμα ist die unkörperliche, rein geistige Natur des göttlichen Wesens bezeichnet.

fähig, dann leidensunfähig¹), Jesus Christus unser Herr²)."

Diese Gegenüberstellung seiner göttlichen und menschlichen Natur und seines Ursprungs aus dem Vater und aus Maria schließt die Wesensmittheilung des Vaters an den Sohn durch die Generation in sich; denn diese Vergleichung des ewigen und zeitlichen Ursprungs ist nur dann zulässig und kann nur dann einen Sinn geben, wenn damit nicht blos gesagt sein soll, Christus ist Gott und Mensch in Einer Person, sondern wenn damit auch ausgedrückt werden wollte, er empfange als Sohn Gottes seine Natur und Wesenheit ebenso wahrhaft und wirklich aus dem Vater, wie er sie als Mensch aus Maria empfing³).

Diese Geburt des Sohnes aus dem Vater und sein Verhältniß zu ihm, d. i. die Wesenseinheit und die persönliche Unterschiedenheit beider, wird noch näher bestimmt, wenn der Sohn „der Logos Gottes", „die Weisheit Gottes", „die Willensmeinung des Vaters⁴)", „der ewige Logos des Vaters, der nicht aus dem Schweigen hervorgegangen ist, der in Allem das Wohlgefallen desjenigen besitzt, der ihn gesandt hat⁵)."

1) Vor seiner Auferstehung war er als Mensch leidensfähig; mit seiner Auferstehung trat er in den Zustand der Verklärung, der Leidensunfähigkeit und Unsterblichkeit ein.

2) *Ad Ephes. c.* 7. Die Construction dieses merkwürdigen Satzes ist diese:

Εἷς ἰατρός

σαρκικός	πνευματικός
γεννητός	ἀγέννητος
ἐν σαρκὶ γενόμενος	Θεός
ἐν θανάτῳ	ζωὴ ἀληθινή
καὶ ἐκ Μαρίας	καὶ ἐκ Θεοῦ
πρῶτον παθητός	καὶ τότε ἀπαθής

Ἰησοῦς Χριστὸς, ὁ κύριος ἡμῶν.

3) Der aus Maria Geborene ist also der Nämliche, wie der aus dem Vater; Maria ist also wahrhaft seine Mutter und, da der Fleischgewordene wahrer Gott ist, wahrhaft „Gottesgebärerin"; denn „sie hat unsern Gott, Jesum Christum, nach dem Heilsplane Gottes in ihrem Schooße getragen." *Ad Ephes. c.* 18.

4) Ὁ λόγος Θεοῦ, ἡ γνῶσις Θεοῦ, ἡ γνώμη πατρός. *Ad Ephes. c.* 3 et 7. *Smyrn.* Proem.

5) Εἷς Θεός ἐστιν, ὁ φανερώσας ἑαυτὸν διὰ Ἰησοῦ Χριστοῦ τοῦ υἱοῦ αὐτοῦ, ὅς ἐστιν αὐτοῦ λόγος ἀΐδιος, οὐκ ἀπὸ σιγῆς προελθών, ὃς κατὰ πάντα εὐηρέστησεν τῷ πέμψαντι αὐτόν. *Ad Magn. c.* 8. In Gott gab es nie ein Schweigen, weil von Ewigkeit her in ihm das Wort ist und als persönliches Wort ewig von ihm ausgeht. Speciell ist hiemit die gnostische Ansicht, die schon Simon Magus vertrat (*Philosophumena Originis.* Oxon. 1851. p. 173),

genannt wird. Der Logos ist hiermit aufgefaßt und bezeichnet als der ewige Ichgedanke des Vaters, als die ewige Selbstaussprache seiner selbst, seines ganzen Lebens und Wesens, als das persönhafte Abbild desselben.

Wie mit diesem Worte das ewige Sein des Sohnes im Vater und sein persönliches Hervorgehen aus demselben als ein ewiges bezeichnet ist, so werden ihm ganz folgerichtig auch die göttlichen, mit der Ewigkeit als synonym zu fassenden Eigenschaften beigelegt, nämlich eine vorzeitliche Existenz zugleich mit und bei dem Vater[1]), überhaupt die Ueberzeitlichkeit und Zeitlosigkeit; ferner die Geistigkeit und Unsichtbarkeit, die Leidensunfähigkeit und Unbetastbarkeit[2]); ebenso auch die Allmacht, Allgegenwart und Allwissenheit, die absolute Wahrhaftigkeit und Treue, auch die Schöpfung der Welt und die Auferweckung der Todten. Sein Wort trägt schöpferische Kraft in sich: „Er sprach und es ward." „Nichts ist ihm verborgen, sondern auch dasjenige, was wir im Verborgenen thun, geschieht in seiner Gegenwart[3])". „Er ist der vollkommen Treue, der Mund, der nicht lügt, in dem der Vater wahrhaft gesprochen hat[4])."

Dieser ewige Sohn Gottes ist Mensch geworden; er ist daher „auch im Fleische Gott" (Gottmensch), im Tode das wahrhafte Leben[5])," „Gottes Sohn nach dem Willen und der Macht Gottes, Menschensohn dem Fleische nach[6])," d. i. in Anbetracht seines göttlichen Willens und seiner göttlichen Macht ist er Gottes Sohn, insoferne er die menschliche Natur angenommen hat und wahr-

---

der Logos sei als ein niederer Aeon aus dem Aeon Sige hervorgegangen, zurückgewiesen. S. „Briefe d. hl. Ign." übersetzt von Nirschl Passau 1870. S. 82. Den obigen Text geben der Cod. Colb., die alte lat. Uebers. und der syr. Text bei Timoth. Aelurus und alle Herausgeber. Nur die armenisch. Uebers. und der syr. Text des Severus v. Antioch. hat λόγος ἀπὸ σιγῆς προελθών — die gnostische Ansicht, die Ign. schwerlich ausgesprochen hat. Ihr folgten Lightfort, Zahn und Funk. S. *Petermann*, cp. s. Ign. *Funk* ad h. l.

1) Ὅς λόγος πρὸ αἰώνων παρὰ πατρὶ ἦν. *Ad Magn.* c. 6.
2) Τὸν ὑπὲρ καιρὸν προσδόκα, τὸν ἄχρονον, τὸν ἀόρατον, τὸν δι' ἡμᾶς ὁρατόν, τὸν ἀψηλάφητον, τὸν ἀπαθῆ, τὸν δι' ἡμᾶς παθητόν, τὸν κατὰ πάντα τρόπον δι' ἡμᾶς ὑπομείναντα. *Ad Polyc.* c. 3. *Ephes.* c. 7.
3) Οὐδὲν λανθάνει τὸν κύριον, ἀλλὰ καὶ τὰ κρυπτὰ ἡμῶν ἐγγὺς αὐτῷ ἐστιν. *Ad Ephes.* c. 15. *Smyrn.* c. 10.
4) *Ad Rom.* c. 8. — 5) *Ad Ephes.* c. 7.
6) Ἰησοῦς ὄντα ἐκ γένους Δαβὶδ κατὰ σάρκα, υἱὸν θεοῦ κατὰ θέλημα καὶ δύναμιν θεοῦ. *Ad Smyrn.* c. 1, cf. *Ephes.* c. 7.

haft Mensch geworden ist, ist er Menschensohn. Ignatius setzt daher den Worten: „Christus war dem Vater unterworfen," ausdrücklich bei „κατα σάρκα", „als Mensch", nicht auch als Gott, als welcher er dem Vater vollkommen gleich ist¹).

Auch das Wirken des Herrn in der Menschheit als Heiland offenbart seine Gottheit und sein Einsjein mit dem Vater. Mit diesem spendet er alle Gnaden und Heilsgaben, die vom ewigen Verderben retten. Er verleiht die wahre Weisheit; mit seiner Gnade löst er die Bande der Sünde; in ihm erlangt man Gnade und Barmherzigkeit und das ewige Leben; in ihm stehen die Gerechten zur Freiheit und Unsterblichkeit vom Tode auf²). Sein Leiden ist ein Leiden Gottes, sein vergossenes Blut das lebenspendende Blut Gottes³), ein Heilmittel der Unsterblichkeit und ein Gegenmittel gegen den Tod, der Trank Gottes. Vom Genusse seines Leibes und Blutes in der Eucharistie kommt das ewige Leben⁴). Christus, der Gottmensch, ist unser wahres und unzertrennbares Leben⁵). Wer ihn in sich trägt, ist ein Gottesträger und ein Tempel Gottes⁶). Wer ihn verleugnet, ist ein Gottesleugner, ein Ungläubiger, ein Atheist, ein Irrlehrer. Ein solcher hat das wahre Leben nicht in sich, daher nur eine Scheinexistenz; er trägt den Tod in sich, ist eine umherwandelnde Leiche oder ein Todtenträger und wird ein gleiches Loos mit den Dämonen haben⁷).

Christo gebührt daher auch alle Verehrung und Anbetung⁸). An ihn muß Alles glauben, ihn müssen Alle über Alles lieben und auf ihn als die einzige Heilshoffnung alles Vertrauen setzen. Durch den Glauben an ihn und die Hoffnung auf ihn haben die Propheten des alten Bundes das Heil erlangt: wegen ihres Glaubens und Vertrauens

---

1) *Ad Magn.* c. 13. S. Röm. 1, 3. Apostgsch. 2, 30. Hebr. 5, 7.
2) *Ad Ephes.* c. 12 et 18. *Rom.* c. 4. *Philad.* c. 8. 10. 11. *Smyrn.* c. 1.
3) Ἀναζωπυρήσαντες ἐν αἵματι Θεοῦ. *Ad Ephes.* c. 1. Ἐπιτρέψατέ μοι μιμητὴν εἶναι τοῦ πάθους τοῦ Θεοῦ μου. *Ad Rom.* c. 6.
4) *Ad Ephes.* c. 5. *Rom.* c. 7. S. unt. 5. Kap. §. 2.
5) Ἰησοῦς Χριστός, τὸ ἀχώριστον ἡμῶν ζῆν. Ad Ephes. c. 3. *Magn.* c. 1. *Smyrn.* c. 4.
6) *Martyr. s. Ign.* c. 2. *Ad Ephes.* c. 9 et 15.
7) *Ad Trall.* c. 9 et 10. *Philad.* c. 2. *Smyrn.* c. 2 et 5.
8) Πρέπον οὖν ἐστιν, κατὰ πάντα τρόπον δοξάζειν Ἰησοῦν Χριστόν. *Ad Ephes.* c. 2.

hat er sie, als er erschienen war, von den Todten auferweckt, um sie als seine Jünger kund zu machen¹). In ihm muß Alles gethan werden, wenn es zum Heile dienen soll²), ihm muß Alles sich unterwerfen. „Täusche sich Niemand! Auch was im Himmel ist, die Glorie der Engel, auch die sichtbaren und unsichtbaren Herrscher — auch sie verfallen dem Gerichte, wenn sie nicht glauben an das Blut Jesu Christi" (d. i. an seinen Opfertod am Kreuze³).

In seiner gottbegeisterten Liebe zu seinem göttlichen Erlöser wünscht Ignatius, daß jede christliche Gemeinde in ihrem Herzenseinklange einem frommen Sängerchore gleiche, der auf Christum und den Vater beim gemeinsamen Gottesdienste heilige Lobgesänge anstimmt⁴). Ihm selbst merkt man es an, daß er eine wahre Seelenlust findet in der Verkündigung und Lobpreisung des Erlösers und in der Vertheidigung seiner göttlichen Würde, in dem Verlangen mit ihm durch den Martertod bald vereinigt zu werden. Sein ganzes Herz geräth in Bewegung, wenn er an Jesum Christum, seinen Gott und Erlöser, denkt, der für ihn gestorben, für den er gerne sterben will, zu dem er möglichst bald zu kommen verlangt. Nach nichts in der Welt verlangt sein Herz, als nach dem Martertode um Jesu willen. „Laßt mich," bittet er die Christen in Rom, „ein Nachahmer des Leidens meines Gottes sein⁵)." „Jesus Christus, unser Gott," lehrt daher als kurzer Ausdruck seines Glaubens immer wieder, im Gruße an die Römer, an die er so ganz aus dem vollen Drange seines tiefbewegten Gemüthes schreibt, sogar zweimal. Da wünscht er ihnen „alles Heil und ungetrübte Freude in Jesu Christo, unserm Gott." In seinem Abschiedsgruße an Bischof Polykarp und seine Gemeinde in Smyrna sagt er: „Ich wünsche, ihr möget euch immer wohl befinden in unserm Gott, Jesu Christo, in dem ihr verbleiben möget in der Einheit mit Gott und dem Bischof⁶)." Unser Gott Jesus Christus wurde von Maria in ihrem Schooße getragen nach dem Heilsplane Gottes⁷)." „Unser Gott Jesus Christus

---

1) *Ad Magn. c. 9.* — 2) *Ad Trall. c. 8 et 9.*

3) Μηδεὶς πλανάσθω. Καὶ τὰ ἐπουράνια, καὶ ἡ δόξα τῶν ἀγγέλων, καὶ

wird, seit er beim Vater ist, um so mehr (der Welt) kund¹)."
Anderswo heißt es einfach: „Jesus Christus Gott," oder „unser Herr,"
„der Herr und Herrscher."

Bei seiner innigen Liebe zu seinem göttlichen Erlöser ist es sehr
wahrscheinlich, daß Ignatius sich selbst den Beinamen Theophorus,
Gottesträger, gegeben, weil er Christum im Herzen trage, um schon
durch diesen seinen Namen seinen geliebten Herrn und Meister vor aller
Welt als Gott zu bekennen und zu verkünden²). Auch das ganze Erlösungswerk faßt Ignatius als ein göttliches Werk und als einen
Beweis für die göttliche Würde des Erlösers auf. Christus, wahrer
Gott und wahrer Mensch, ist ihm Anfang, Mitte und Ende seines
Glaubens und Lebens, der innerste Kern seines religiösen Bewußtseins,
das Centrum der Weltgeschichte, nach dem hin die ganze Vorzeit gra-
vitirte, von dem die neue Zeit ausging, der neue Lebensquell, in welchem sich das göttliche und menschliche Leben geeinigt haben, und aus
welchem die neue Menschheit, die Christenheit, und eine neue geistige
Schöpfung, die Kirche, hervorging, die darum auch als Ganzes sowie
in den einzelnen Gliedern und Bestandtheilen den Charakter des Göttlichen und Menschlichen an sich trägt.

§. 3.
Die Gottheit des heiligen Geistes.

Minder oft als auf den Logos und den Vater reflectirt Ignatius
auf die dritte göttliche Person. Es lag eben hiefür kein so dringender
Anlaß vor. Der ganze hitzige Kampf der damaligen Zeit bewegte sich

---

1) Ὁ γὰρ Θεὸς ἡμῶν Ἰησοῦς Χριστὸς ἐν πατρὶ ὢν μᾶλλον φαίνεται. Οὐ
πεισμονῆς μόνον τὸ ἔργον, ἀλλὰ μεγέθους ἐστὶν ὁ Χριστιανισμός. Ad Rom. c. 3.
Ignatius will damit beweisen, daß er, wenn er auch eines schimpflichen Todes
sterben werde, selbst vor der Welt durch Gott zu Ehren gelangen werde. Dafür beruft er sich auf den Erlöser. So lange dieser auf Erden weilte, lebte er
in der Niedrigkeit der Knechtesgestalt, den Menschen fast unbekannt; seit er
aber der sichtbaren Welt entrückt, in den Himmel zurückgekehrt ist, wird er
durch die Verkündigung des Evangeliums aller Welt kund, und erfüllt sein
Ruhm und seine Verherrlichung die ganze Erde. Und ebenso, ist im Sinne
des Ignatius hinzu zu denken, ergeht es auch den Bekennern des Herrn; sie
werden an seiner Verherrlichung Antheil nehmen; „denn nicht das Werk des
Schweigens, sondern der Größe ist das Christenthum." l. c. Ich ziehe obigen
Text des Cod. Colb. allen Conjecturen vor. S. diese bei Funk und Dressel
ad h. l.
2) *Martyr. s. Ign. c. 2.* S. „Briefe des heil. Ignatius" S. 35.

zunächst um die Person des Erlösers. Das war die eigentliche Existenz=
frage des Christenthums als göttlicher Religion. Gleichwohl fehlt es
nicht an Aeußerungen, welche das persönliche Verhältniß des heiligen
Geistes im trinitarischen Leben Gottes und seine Wirksamkeit im Heils=
werke der Erlösung und Heiligung im klaren Lichte des christlichen
Glaubens erscheinen lassen.

Bemerken wir zunächst, wie sich Ignatius über den Ausgang des
Geistes aus Gott ausspricht. Hierüber heißt es im Briefe an die
Philadelphier: „Der Geist ist der Täuschung und Irrung un=
zugänglich, da er von Gott ist. Denn er weiß, woher er
kommt und wohin er geht und durchforscht auch das Ver=
borgene [1]." Dieses Ausgehen von Gott, die specielle Wirksamkeit und
die Attribute der absoluten Untrüglichkeit und Wahrhaftigkeit und All=
wissenheit deuten an, daß hier ein wesenhaftes und persönliches Her=
vorgehen des Geistes aus Gott gemeint sei.

Eine noch klarere Einsicht in seine Auffassung und Lehre erhalten
wir aus einigen anderen Stellen, in denen Ignatius den göttlichen
Geist als eine vom Vater und Sohne verschiedene, aber doch ihnen voll=
kommen gleichstehende und mit ihnen im Wirken stets geeinigte Person
bezeichnet. So wenn er die Magnesier ermahnt: „Beeifert euch also,
in den Lehrsätzen Jesu Christi und der Apostel fest begründet zu wer=
den, damit ihr in Allem, was ihr thuet, einen guten Fortgang machet
zur Wohlfahrt des Leibes und Geistes, des Glaubens und der Liebe,
im Sohne und Vater und Geiste, im Anfange und am
Ende [2]." Und gleich darauf abermals: „Seid unterwürfig dem Bi=
schof und Einer dem Andern, wie Jesus Christus dem Fleische nach
dem Vater, und die Apostel Jesu Christo und dem Vater und
dem Geiste, damit Einheit sei, eine leibliche sowohl als geistige [3]."

---

1) Τὸ πνεῦμα οὐ πλανᾶται ἀπὸ Θεοῦ ὄν. Οἶδεν γὰρ πόθεν ἔρχεται καὶ
ποῦ ὑπάγει καὶ τὰ κρυπτὰ ἐλέγχει. Ad Philad. c. 7. S. Joh. 3, 8. 1. Kor.
2, 10. — 2) Ad Magn. c. 13.

3) Ὑποτάγητε τῷ ἐπισκόπῳ καὶ ἀλλήλοις, ὡς Ἰησοῦς Χριστὸς τῷ πατρὶ
κατὰ σάρκα, καὶ οἱ ἀπόστολοι τῷ Χριστῷ καὶ τῷ πατρὶ καὶ τῷ πνεύματι
ἵνα ἕνωσις ᾖ σαρκική τε καὶ πνευματική. l. c. Ignatius setzt hier beidemal,
wie der Apostel (2. Kor. 13, 13), den Sohn vor den Vater, weil die Ver=
einigung des Menschen in Glaube und Liebe mit Gott durch ihn vermittelt
wird. Es ist dies auch ein Beweis, daß dieser Brief der allerältesten christ=
lichen Zeit angehöre, noch vor den antitrinitarischen Streitigkeiten des zweiten
Jahrhunderts abgefaßt worden sei; denn von dort an fixirte sich die natürliche
Ordnung der trinitarischen Namen.

Der Kirche in Smyrna wünscht er alles Heil im makellosen (heiligen) Geiste und im Logos Gottes (des Vaters)[1]." Das sind gewiß zwei gewichtige Zeugnisse für die Persönlichkeit und zugleich Gleichwesentlichkeit des heiligen Geistes mit dem Vater und dem Sohne[2]). Die besondere Wirksamkeit des heiligen Geistes läßt sich aus folgenden Worten an die Ephesier erkennen: „Ihr habt ihnen (den Irrlehrern, die bei den Ephesiern durchgereist waren) nicht gestattet, ihren bösen Samen unter euch auszusäen; ihr habt ihnen euere Ohren verstopft, damit sie nicht aufnahmen, was von ihnen ausgesäet wurde; da ihr Bausteine des Tempels des Vaters seid, zubereitet zum Gebäude Gottes des Vaters, emporgehoben in die Höhe durch die Maschine Jesu Christi, das ist, durch das Kreuz, indem ihr euch des heiligen Geistes als Seil bedientet[3]."

Mit diesen Worten ist nicht allein die Gemeinsamkeit des Wirkens des heiligen Geistes mit den beiden anderen göttlichen Personen im Heilswerke, somit einerseits die Wesenseinheit und andererseits die persönliche Verschiedenheit ausgedrückt, sondern auch zu verstehen gegeben, welche besondere Thätigkeit jeder derselben eigen sei. Die ganze göttliche Heilsthätigkeit zielt ab auf die Vereinigung der Menschen mit dem Vater; zur Voraussetzung hat diese den Erlösungstod des Sohnes Got-

---

1) Ἐν ἀμώμῳ πνεύματι καὶ λόγῳ Θεοῦ πλεῖστα χαίρειν. *Ad Smyrn.* Proem.

2) S. auch die Doxologie im *Martyr. s. Ign.* c. 7: Ἐν Χριστῷ Ἰησοῦ τῷ κυρίῳ ἡμῶν, δι' οὗ καὶ μεθ' οὗ τῷ πατρὶ ἡ δόξα καὶ τὸ κράτος σὺν τῷ ἁγίῳ πνεύματι εἰς αἰῶνας. Ἀμήν: und im *Martyr. s. Polycarpi* c. 22: Ἰησοῦς Χριστός . . . . ᾧ ἡ δόξα σὺν πατρὶ καὶ ἁγίῳ πνεύματι εἰς τοὺς αἰῶνας τῶν αἰώνων.

3) Οὓς οὐκ εἰάσατε σπεῖραι εἰς ὑμᾶς, βύσαντες τὰ ὦτα, εἰς τὸ μὴ παραδέξασθαι τὰ σπειρόμενα ὑπ' αὐτῶν, ὡς ὄντες λίθοι ναοῦ πατρός, ἡτοιμασμένα εἰς οἰκοδομὴν Θεοῦ πατρός, ἀναφερόμενοι εἰς τὰ ὕψη διὰ τῆς μηχανῆς Ἰησοῦ Χριστοῦ, ὅς ἐστιν σταυρός, σχοινίῳ χρώμενοι τῷ πνεύματι τῷ ἁγίῳ. *Ad Ephes.* c. 9. Der heilige Geist heißt ein „Seil", weil er vom Himmel kommend mit den Banden der göttlichen Liebe und Gnade die Seele an Gott und den Himmel knüpft, indem er sie mit Christo vereinigt, in welchem der ganze Bau Gottes aufwächst zu einem heiligen Tempel, alle Gläubigen mit eingebaut werden zu einem Wohnhause Gottes (Ephes. 2, 22). Das Bild ist also zwar etwas seltsam, aber passend und anschaulich. Ohne dieses Seil, gleichwie ohne die Maschine des Kreuzes, durch welches der Erlöser Frieden gemacht hat zwischen Himmel und Erde, kann Niemand aus der Tiefe der Sünde und Schuld zur Höhe der Gottgemeinschaft, des heiligen und himmlischen Lebens emporgelangen.

tes, vermittelt aber wird sie vom heiligen Geiste, in welchem das Verdienst des Kreuzesopfers angeeignet, der Mensch zu einer neuen Creatur in Christo umgeschaffen, Christo einverleibt und so mit Gott dem Vater geeinigt wird.

Der heilige Geist ist daher als Geist der Heiligung das eigentliche Lebensprincip der Kirche, der alle Erlösungs- und Heilsthätigkeit in ihr, die Fortpflanzung des göttlichen Wortes und die Fortübertragung der geistlichen Gewalten durch und an die kirchlichen Vorsteher vermittelt. Er ist der eigentliche Lehrer in ihr. Was Ignatius in Philadelphia gepredigt: „Thuet nichts ohne den Bischof, bewahrt eueren Leib als einen Tempel Gottes, liebet die Einigkeit, fliehet die Spaltungen, werdet Nachahmer Jesu Christi, wie er selbst seines Vaters ist[1]," das hat nicht er, sondern der heilige Geist durch ihn gesprochen[2]). Der heilige Geist ist es denn auch, durch den Christus die Vorsteher der Kirche einsetzt und ihnen die Amtsgewalt überträgt, so daß die Einsetzung seiner Stellvertreter in seiner Kirche ebenso als das Werk Christi selbst, gleichwie als das Werk des heiligen Geistes anzusehen ist[3]).

Zweites Kapitel.
Die Lehre von der Erlösung.

§. 1.
Christus der Erlöser.

Wiederholt kommt Ignatius auf die Menschwerdung und wahre Menschheit des Sohnes Gottes zu sprechen und betont er die Nothwendigkeit des Glaubens daran. Dies war nämlich der andere Fundamentalsatz der christlichen Lehre, den die damaligen Häretiker, die in gnostischer Befangenheit in allem Körperlichen und Materiellen etwas Böses sahen, auf das heftigste anfochten.

Dem erleuchteten Blicke des Ignatius entging es nicht, daß mit der Verwerfung der wirklichen Menschwerdung des Sohnes Gottes,

---
1) D. i. der Nachahmer des Vaters in vollkommener Wesens- und Willenseinigung mit ihm. Joh. 5, 19.
2) *Ad Philad.* c. 7. — 3) *Ad Philad.* Proem.

ebenso wie mit der Leugnung seiner göttlichen Natur das Christenthum zerstört werde. Es ist auch einleuchtend. Die Gottheit und Menschheit Christi machen die Grundlagen der christlichen Religion aus. Ist Christus nicht wahrer Gott, so hat sein Erlösungswerk keinen unendlichen Werth, ist unser Glaube falsch und unsere Hoffnung eitel, dann ist die Kirche keine göttliche Heilsanstalt, und sind die Sacramente ohne Gnadenkraft nur Zeichen und Symbole. Ist aber Christus nicht zugleich auch wahrer Mensch, so war sein Tod und seine Auferstehung nur Schein; dann gibt es auch kein Altarsjacrament und kein Opfer des neuen Bundes; er ist dann auch nicht unser wirklicher Stellvertreter, kein wahrer Mittler zwischen Gott und den Menschen. Mit der Leugnung der wahrhaften Menschwerdung Christi im Sinne jener Irrlehrer wäre außerdem der weitgreifende Irrthum erneuert, daß der Mensch nach seiner leiblichen Seite ganz Sünde und in einer Welt des Bösen, daß überhaupt die sichtbare, materielle Welt das Böse sei.

Wegen dieser eminenten Wichtigkeit vertheidigt Ignatius ebenso energisch die Menschheit wie die Gottheit des Erlösers. Er ist ebenso weit entfernt von einem einseitigen Spiritualismus wie von einem flachen Rationalismus. **Christus, wahrer Gott und wahrer Mensch, ist, wie schon erwähnt, sein Glaubensbekenntniß, das den Grundgedanken aller seiner Briefe ausmacht.** Wie er in jedem dieser seiner Sendschreiben wiederholt und in der kräftigsten Weise die Gottheit des Logos bezeugt, so verkündigt und vertheidigt er ebenso oft und energisch seine Menschheit. Mit allem Nachdrucke betheuert er wiederholt, daß der Sohn Gottes wahrhaft Fleisch geworden, aus Davids Samen die menschliche Natur angenommen, empfangen vom heiligen Geiste, geboren aus der Jungfrau, wahrhaft gelitten hat, wahrhaft gestorben und auferstanden ist.

Zum Beweise genügen ein paar Stellen. Sie werden auch dazu dienen, um daraus zu ersehen, wie er die beiden Naturen in Christo gedacht hat. Eine kurze Vergleichung seiner Lehren mit den späteren christologischen Irrthümern wird dann seine dogmatische Präcision in hellem Lichte zeigen.

Zunächst verdient bemerkt zu werden, daß Ignatius mit allem Nachdrucke den Satz ausspricht: Der Glaube, daß der Erlöser wahrer Mensch, sei ebenso nothwendig, wie jener, daß er wahrer Gott. In der Leugnung des einen oder anderen sieht er eine Lästerung des Herrn, eine Verleugnung des ganzen Christus, die vom Leben ausschließe. „Wer nicht bekennt," erklärt er, „daß Christus im Fleische gewandelt, der verleugnet ihn ganz und ist eine umherwandelnde Leiche¹)." Er spricht hiemit aus: Der Eine Christus kann nicht getheilt werden in einen göttlichen und menschlichen, weil beide Naturen in Einer Person vereinigt sind. Wer ihn nur halb entweder als Gott oder nur als Menschen annehmen will, der verwirft ihn ganz und hat daher das Leben, das aus Christo stammt, nicht in sich, der bleibt im Tode. Der lebendigmachende Glaube an Jesum Christum muß somit den Glauben an seine göttliche Natur und ewige Existenz und an seine menschliche Natur und historische Erscheinung und Wirksamkeit in sich schließen. Darum ruft Ignatius seinem Freunde Polykarp zu: „Jenen erwarte, der über der Zeit, den Zeitlosen, den Unsichtbaren, den unsertwegen Sichtbaren, den Unbetastbaren, den Leidensunfähigen, den unsertwegen Leidenden, der in jeglicher Weise unsertwegen geduldet hat²)."

Eine der schönsten und inhaltreichsten Stellen für die beiden Naturen in Christo und deren hypostatische Vereinigung in Einer Person ist die bereits angeführte: „Einer nur ist Arzt³), Fleisch sowohl als Geist, geworden und nicht geworden, im Fleische gewordener Gott, im Tode wahrhaftes Leben, aus Maria und aus Gott, zuerst leidensfähig, und dann leidensunfähig, Jesus Christus, unser Herr⁴)." In demselben Briefe an die Ephesier heißt es abermals: „Jesus der Christus, unser Gott, wurde von Maria in ihrem Schooße getragen nach dem Heilsplane Gottes, aus dem Samen Davids zwar, aber vom heiligen Geiste. Er wurde geboren und ge-

---

1) Ὁ δὲ τοῦτο μὴ λέγων (Χριστὸν σαρκοφόρον) τελείως αὐτὸν ἀπήρνηται, ὡς νεκρόφορος (wörtlich „ein Todtenträger"). Ad Smyrn. c. 5. Noch energischer spricht sich der Johannesjünger Polykarp aus: „Ein Jeder," sagt er, „der nicht bekennt, daß Jesus Christus im Fleische gekommen, ist ein Antichrist; wer nicht bekennt das Zeugniß vom Kreuze, der ist vom Teufel; und wer die Worte des Herrn verdreht nach seinem Gutdünken und sagt, es gebe keine Auferstehung und kein Gericht, der ist der Erstgeborene des Satans." Polycarpi ep. ad Philipp. c. 7. Vgl. 1. Joh. 4, 3.
2) Ad Polyc. c. 3. S. oben S. 7. Anm. 2.
3) D. i. für die Irrlehrer, sie zur Erkenntniß der Wahrheit zu bringen und ihre Seelenwunden zu heilen.
4) Ad Ephes. c. 7. S. oben S. 6. Anm. 2.

tauft, damit er durch sein Leiden das Wasser reinigte¹)."
„Seid taub," ermahnt der Heilige die Trallier, „wenn Jemand zu euch spricht ohne Jesum Christum, der vom Geschlechte Davids aus Maria geboren ward, aß und trank, der wahrhaft Verfolgung duldete unter Pontius Pilatus, wahrhaft gekreuzigt ward und starb im Angesichte derer, die im Himmel und auf Erden und unter der Erde, der auch wahrhaft auferweckt ward von den Todten, indem ihn sein Vater auferweckte²)." Was könnte noch kräftiger lauten, als diese feierliche Betheuerung mit dem viermal wiederholten „wahrhaft", als diese Berufung auf das Zeugniß derer im Himmel, auf Erden und unter der Erde, für die große Thatsache des wirklichen Todes des Herrn? Ignatius weiß also nichts von einem Scheintode des Erlösers, von einer nur scheinbaren Auferstehung.

Die Geburt, der wirkliche Tod und die wahrhafte Auferstehung des Herrn sind ihm die großen Thatsachen der Erlösung; im Glauben an sie sieht er das Heil. Darum preist er die Kirche in Smyrna selig, daß sie im Glauben und in der Liebe mit Leib und Seele an das Kreuz Christi angenagelt sind (untrennbar am Gekreuzigten festhalten) in der vollkommenen Glaubensgewißheit, „daß der Herr wahrhaft aus dem Geschlechte Davids dem Fleische nach, Gottes Sohn dem Willen und der Macht Gottes nach, wahrhaft geboren aus der Jungfrau, getauft von Johannes, damit von ihm jede Gerechtigkeit erfüllt wurde, wahrhaft unter Pontius Pilatus und dem Vierfürsten Herodes im Fleische für uns an das Kreuz geschlagen³)."

Bei seiner Auferstehung hat er den nämlichen Leib, mit dem er gelitten hat und gestorben ist, wieder mit sich vereinigt. Hiefür beruft sich Ignatius, wie auf seinen Glauben, so auch auf sein Wissen,

1) Ὁ Θεὸς ἡμῶν Ἰησοῦς ὁ Χριστὸς ἐκυοφορήθη ὑπὸ Μαρίας κατ᾽ οἰκονομίαν Θεοῦ, ἐκ σπέρματος μὲν Δαβίδ, πνεύματος δὲ ἁγίου· ὃς ἐγεννήθη καὶ ἐβαπτίσθη, ἵνα τῷ πάθει τὸ ὕδωρ καθαρίσῃ. Ad Ephes. c. 18. In der Empfängniß trat der ewige Sohn Gottes als Mensch in die Menschheit ein, durch die Geburt in die sichtbare Welt; mit seiner Taufe begann seine öffentliche messianische Thätigkeit, die mit seinem Tode am Kreuze ihre Vollendung, mit seiner Auferstehung ihre Verherrlichung erreichte. Deshalb werden diese großen Acte des Erlösungswerkes hier besonders hervorgehoben.
2) Ἀληθῶς ἐσταυρώθη καὶ ἀπέθανεν, βλεπόντων τῶν ἐπουρανίων καὶ ἐπιγείων καὶ ὑποχθονίων· ὃς καὶ ἀληθῶς ἠγέρθη ἀπὸ νεκρῶν, ἐγείραντος αὐτὸν τοῦ πατρὸς αὐτοῦ. Ad Trall. c. 9.
3) Ad Smyrn. c. 1. Trall. c. 9. Ephes. c. 18.

indem er betheuert: „Denn ich weiß, daß er auch nach seiner Auferstehung im Fleische, und glaube, daß er es noch ist¹). Denn als er zu Petrus kam und zu Denjenigen, die bei ihm waren, sprach er zu ihnen: „Langet her, berühret mich und sehet, daß ich nicht ein körperloser Geist bin." Und sogleich berührten sie ihn und glaubten, zusammengeflossen mit seinem Fleische und Geiste²). Deßhalb verachteten sie auch den Tod und sind sie über den Tod erhaben erfunden worden. Und er aß und trank nach seiner Auferstehung mit ihnen als Einer, der einen Leib hat, obgleich er dem Geiste nach geeinigt ist mit dem Vater³)."

Ignatius ist von den großen Wahrheiten und Thatsachen des Todes und der Auferstehung des Herrn ganz erfüllt; in ihnen lebt sein innerer Mensch in Glaube und Liebe zum Erlöser; auf ihn, den Gottmenschen, und sein Erlösungswerk setzt er alle seine Hoffnung, ihn verkündigt und lobpreist er, für ihn trägt er die Bande, für ihn verzichtet er auf die ganze Welt und alle ihre Reichthümer und Freuden, für ihn will er alle nur denkbaren Martern leiden, für ihn will er sterben, um in ihm zu einem neuen Leben aufzuerstehen. „Nichts von den sichtbaren und unsichtbaren Dingen," schreibt er an die Christen in Rom, „fechte mich noch an, damit ich Jesu Christi theilhaftig werde. Feuer und Kreuz, Rotten wilder Thiere, Zerschneidung, Zerreißung, Trennung der Knochen, Abhauung der Glieder, Zermalmung des ganzen Körpers — schreckliche Martern des Teufels mögen über mich kommen, nur damit ich Jesu Christi theilhaftig werde." „Besser ist es für mich, für Jesum Christum zu sterben, als zu herrschen über die Grenzen der Erde." „Ihn suche ich, der für uns gestorben, nach ihm verlange ich, der unsertwegen auferstanden ist⁴)." Aber wozu das, fragt er die Smyr-

---

1) Ἐγὼ γὰρ μετὰ τὴν ἀνάστασιν ἐν σαρκὶ αὐτὸν οἶδα καὶ πιστεύω ὄντα. *Ad Smyrn.* c. 3.

2) Κραθέντες τῇ σαρκὶ αὐτοῦ καὶ τῷ πνεύματι, d. i. auf's innigste in Glaube und Liebe mit seiner Menschheit (σάρξ) und Gottheit (πνεῦμα), also mit Christo als dem Gottmenschen, geeinigt. S. oben S. 5. Anm. 4.

3) Μετὰ δὲ τὴν ἀνάστασιν συνέφαγεν αὐτοῖς καὶ συνέπιεν ὡς σαρκικός, καίπερ πνευματικῶς ἡνωμένος τῷ πατρί. l. c. Er aß vor ihrem Angesichte als ein wirklicher Mensch (ὡς σαρκικός) und war doch zugleich seiner Gottheit nach (πνευματικῶς) Eins, Einer Natur mit dem Vater, im Genusse der Seligkeit Gottes.

4) *Ad Rom.* c. 5 et 6.

näer, wenn Christus nur eine Scheineristenz hatte, nur zum Scheine litt und starb und auferstand? „Wozu bin ich dann in Banden? Wozu habe ich mich dem Tode überliefert, für das Feuer, für das Schwert, für die wilden Thiere¹)?" All das, will er sagen, hat ja dann keinen Werth, weil mein Leiden kein Nachahmen des Leidens des Herrn, mein Sterben kein Eingehen in sein Sterben und dadurch in sein verklärtes Leben ist; das Marterthum um Christi willen ist dann die größte Thorheit²). Allein, ruft er freudig aus, so ist es nicht. „Nahe bei dem Schwerte ist nahe bei Gott, mitten unter wilden Thieren mitten in Gott, wenn nur im Namen Jesu Christi. Um mit ihm zu leiden, dulde ich Alles. Er stärkt mich ja, der ein vollkommener Mensch geworden ist³)."

Mit so tiefbewegtem Innern, mit so lebhafter Beredsamkeit verkündigt Ignatius die wahre Menschheit Jesu Christi, seinen wirklichen Tod und seine wahrhafte Auferstehung. Seine Bekenntnisse klingen beinahe wie ein lauter Jubelruf seines Herzens, das in Christo, seinem Gott und Erlöser, eine so unnennbare Wonne und ein so unschätzbares Glück genießt, daß er diese Beseligung selbst um die Herrschaft über die Grenzen der Erde und um den Genuß aller Freuden der Welt nicht hingäbe.

Vergleichen wir nun die dargelegte Ignatianische Lehre von der Person des Erlösers mit den später auftauchenden großen christologischen Irrthümern und Häresien, so kann man nicht umhin, die dogmatische Präcision, durch welche sie sich auszeichnet, zu bewundern.

Wir haben oben bereits gesehen, daß Ignatius, indem er lehrt, daß das christliche Bekenntniß den **ganzen** Christus, seine Gottheit und Menschheit, in sich fassen müsse, in gleich entschiedener Weise dem Rationalismus, der die Gottheit des Herrn leugnet, wie den falschen Spiritualismus, der seine Menschheit nicht anerkennt, zurückweist und verwirft.

Bemerken wir hier zunächst den Ausdruck: „Christus ist ein vollkommener Mensch geworden," d. i. er hat die ganze Menschennatur, als bestehend aus Leib und Seele, angenommen. Damit ist von Ignatius die Vorstellung des Apollinaris abgewiesen, der behauptete,

---

1) *Ad Smyrn.* c. 4. — 2) *Ad Trall.* c. 10.
3) ἀλλ᾽ ἐγγὺς μαχαίρας ἐγγὺς Θεοῦ, μεταξὺ θηρίων μεταξὺ Θεοῦ μόνον ἐν τῷ ὀνόματι Ἰησοῦ Χριστοῦ. Εἰς τὸ συμπαθεῖν αὐτῷ πάντα ὑπομένω, αὐτοῦ με ἐνδυναμοῦντος τοῦ τελείου ἀνθρώπου γενομένου. *Ad Smyrn.* c. 4.

Christus habe als Mensch keine vernünftige Seele (νοῦς, πνεῦμα) ge=
habt, deren Stelle habe der Logos selbst vertreten. Wie er die Inte=
grität der menschlichen Natur Christi an sich wahrt, ebenso auch in
ihrer Vereinigung mit der göttlichen. Er weiß nichts von einer Ver=
mischung oder Verwandlung der menschlichen in die göttliche, vielmehr
so innig er die Vereinigung beider faßt, so läßt er doch beide mit
ihren wesentlichen Eigenthümlichkeiten bestehen, legt dieser die Ewig=
keit, das Ungeborensein, die Unsichtbarkeit und Unberührbarkeit, die
Leidensunfähigkeit, jener das Geborenwerden in der Zeit, die Leidens=
fähigkeit und Berührbarkeit bei. Daher sagt er ausdrücklich, im
Fleische (ἐν σαρκί) habe Christus gelitten, dem Fleische nach
(κατὰ σάρκα), d. i. dem menschlichen Willen nach war er dem Vater
in Allem unterthan, im Fleische aß und trank er nach seiner Aufer=
stehung mit den Aposteln, obgleich er dem Geiste (der göttlichen Natur)
nach eins mit dem Vater war. Der Monophysitismus, wie ihn Eu=
tyches auf die Bahn gebracht, und der Monotheletismus erhalten dem=
nach durch unseren berühmten Apostelschüler eine entschiedene Abwei=
sung. Dabei hält er ebenso entschieden an der Einheit der Person,
wie an der Zweiheit der Naturen fest und weiß nichts von zwei Sub=
jecten in Christo, von einer nur moralischen Einigung der beiden
Naturen, wie Nestorius sich das Geheimniß der Incarnation zurecht=
gelegt hat. Ignatius kennt nur Einen Christus, Einen Arzt, und
dieser ist aus Gott und aus Maria, der Eine Sohn des Vaters. Der=
jenige, den Maria in ihrem Schooße getragen, ist Gottessohn und
Menschensohn, aus Gott und aus Davids Stamm, sie hat somit un=
seren Gott in sich getragen und aus sich geboren. Maria ist daher
auch wahrhaft Gottesgebärerin. Die Geburt des Sohnes Gottes aus
ihr [1]) ist ein ebenso wunderbares Geheimniß, wie sein Leiden, das als
ein göttliches zu preisen, ein Leiden Gottes ist. Sein Blut ist das
Blut Gottes [2]).

Die mannigfachen Irrthümer also, die im Laufe der Zeit über
die Person Christi aufgetaucht und vertheidigt worden sind, werden

1) Ὁ τοκετὸς αὐτῆς. Ad Ephes. c. 19.
2) Ad Ephes. c. 1. Rom. c. 7. Da in Christo die göttliche und
menschliche Natur in der Einen Person des Logos untrennbar vereinigt sind,
hat nicht eine menschliche, sondern eine göttliche Person, der Sohn Gottes selbst,
den Kreuzestod gelitten — in der von ihm angenommenen menschlichen Natur.
Sein Leiden ist daher per communicationem idiomatum ein Leiden Gottes,
sein Blut das Blut Gottes.

von Ignatius bestimmt abgewiesen. Daß dies auch vom Arianismus und den antitrinitarischen Häresien gilt, bedarf nach seiner eben dargelegten Lehre vom Logos und heiligen Geiste keiner weiteren Begründung. Seine Lehre ist in allen diesen Grunddogmen des Christenthums ganz die apostolisch=katholische. Es kann daher für jedes christliche, gläubige Gemüth nur eine innige Freude sein, seinen Glauben aus dem Munde eines so hochangesehenen apostolischen Mannes bekennen zu hören, auf dem Gange zu seiner Richtstätte, im Angesichte des Todes. Es muß dieses Zeugniß ihm um so theurer sein, als es aus dem Munde eines Apostelschülers, Bischofs und Märtyrers durch mehr als siebzehnhundert Jahre zu uns herübertönt und jene Männer Lügen straft, die in unglückseliger Verblendung der Menschheit das höchste Gut, das sie besitzt, zu rauben streben: den Glauben an den menschgewordenen Gottessohn und an seinen Erlösungstod.

§. 2.

Das Erlösungswerk Jesu Christi — das Christenthum.

Mit der Person des Erlösers steht sein Werk in untrennbarem Zusammenhang. Dessen Darstellung schließt sich somit sachgemäß an die vorausgehende an. Wir werden auch hier jene Tiefe der Auffassung und Reinheit der Orthodoxie und Einfachheit des Ausdrucks finden, wie sie die Ignatianische Lehre von Gott und Christo auszeichnen.

Das ganze Resultat der gottmenschlichen Thätigkeit des Erlösers nennt Ignatius „das Evangelium", „das Christenthum". Den Endzweck derselben spricht er mit den Worten aus: „In Christo ist Gott als Mensch erschienen zur Erneuerung des ewigen Lebens in ihm[1]." Oder: „Christus ist Mensch geworden zur Wiedervereinigung der Menschheit mit Gott, der die Einheit ist und sie auch verkündet[2]." Diese Erneuerung der Welt und der Menschheit zum ewigen Leben oder ihre Wiedervereinigung mit Gott war im Rathschlusse Gottes von Ewigkeit her beschlossen; ihre Verwirklichung findet statt in der Zeit durch Jesum Christum. Bei Gott aber, in dem keine Zeit, ist das Erlösungswerk schon vollbracht, d. i. in den göttlichen Heilsplan und

---

[1] Θεοῦ ἀνθρωπίνως φανερουμένου εἰς καινότητα ἀϊδίου ζωῆς. Ad Ephes. c. 19.
[2] Ad Trall. c. 9. S. oben S. 2. Anm. 2. Magn. c. 10. Philad. c. 9.

in die Erlösungsgnade war auch die vorchristliche Menschheit eingeschlossen.

Seinen geschichtlichen Anfang nahm es mit der „**Jungfräulichkeit Mariens, mit der wunderbaren Geburt des Sohnes Gottes aus ihr und ward vollbracht in seinem wahrhaften Leiden und in seiner Auferstehung.**" Diese Geheimnisse: Empfängniß und Geburt, Tod und Auferstehung, oder die persönliche Erscheinung des Logos im Fleische und sein Erlösungswerk machen das Wesen des Christenthums, seine eminente Auszeichnung vor dem Judenthum aus[1]). Sie waren damals dem Satan verborgen, da es dabei auf seinen Sturz abgesehen war. Jetzt sind sie die Geheimnisse der Heilsbotschaft, die der ganzen Welt in lauter Predigt kund werden sollen[2]). Im Schweigen Gottes vollbracht, wurden sie von Gott, als sie wirklich statt hatten, der ganzen Welt durch große Wunderbegebenheiten kund gethan. Bei der Geburt leuchtete ein Stern am Himmel auf über alle Sterne von unbeschreiblichem Lichtglanze. Die übrigen Sterne und der Mond bildeten einen Chor um ihn; er aber überstrahlte alle an Lichtglanz. Auf Erden aber rief diese neue, wunderbare Erscheinung unter den Menschen Unruhe und

---

1) Ἐξαίρετον δέ τι ἔχει τὸ εὐαγγέλιον, τὴν παρουσίαν τοῦ κυρίου ἡμῶν Ἰησοῦ Χριστοῦ, τὸ πάθος αὐτοῦ καὶ τὴν ἀνάστασιν. *Ad Philad. c. 9.*

2) Καὶ ἔλαθεν τὸν ἄρχοντα τοῦ αἰῶνος τούτου ἡ παρθενία Μαρίας καὶ ὁ τοκετὸς αὐτῆς, ὁμοίως καὶ ὁ θάνατος τοῦ κυρίου τρία μυστήρια κραυγῆς, ἅτινα ἐν ἡσυχίᾳ Θεοῦ ἐπράχθη. *Ad Ephes. c. 19.* Παρθενία. „Jungfräulichkeit," ist hier die immerwährende Virginität (ἀεὶ παρθενία), d. i. die wunderbare Empfängniß; τοκετός. = partus. „Geburt," die wunderbare Geburt des Herrn aus ihr, nämlich Beides ohne Verletzung ihrer Jungfräulichkeit; denn sonst wären sie keine μυστήρια. „Geheimnisse," im christlichen Sinne. Diese Stelle führt zum Theile schon Origenes an, indem er schreibt: „Schön steht in einem Briefe eines der Martyrer, ich rede von Ignatius, dem zweiten Nachfolger Petri als Bischof von Antiochien, der zur Zeit der Verfolgung mit den wilden Thieren in Rom gekämpft hat: „Und verborgen war dem Fürsten dieser Welt die Jungfräulichkeit Maria's."" *Prolegom. in Cantic. Cantic.* Hom VI. in Lucam. Τρία μυστήρια κραυγῆς. „Geheimnisse lauten Rufens," d. i. diese drei Geheimnisse, Menschwerdung, Geburt und Opfertod des Erlösers, machen den Hauptinhalt der evangelischen Heilsbotschaft aus, die allen Völkern der Erde verkündigt werden muß. Die Verkünder gleichen Herolden Gottes, welche diese Geheimnisse in die ganze Welt hinausrufen, so daß ihr Ruf bringt bis an die Grenzen der Erde, und alle Länder davon erfüllt sind. Andere geben den Ausdruck mit „lautrufende Geheimnisse". Aber wie kann die „Jungfräulichkeit Maria's" ein „lautrufendes Geheimniß" genannt werden?

Bestürzung hervor¹). Das Leiden des Herrn aber fand statt im Angesichte Derer, die im Himmel, auf Erden und unter der Erde²). Die großen Thatsachen der Erlösung sind hier mit Recht als Weltereignisse aufgefaßt, da ja die ganze Welt dabei betheiligt ist. Das eigentliche Centrum des Heilswerkes bildet das Leiden und der Tod des Herrn; um dieses bewegt sich nach der Auffassung des Ignatius Alles. Geburt und Auferstehung verhalten sich dazu wie Anfang und Vollendung. Wie die ganze Erscheinung des Erlösers und sein gesammtes menschliches Leben und Wirken, ja sogar die Auferstehung, so wird ganz besonders das Leiden und Sterben als ein stellvertretendes bezeichnet, das von ihm freiwillig zu dem Zwecke übernommen ward, um uns zu erlösen und das Leben zu erwerben. In seinem Leiden und Tode ist Christus zugleich Priester und Opfer vor Gott für uns; denn „er hat sich selbst für uns Gott dargebracht als Opfergabe und Schlachtopfer³)." „Er hat Alles unsertwegen gelitten, um uns zu retten und selig zu machen⁴)." Er ist unsertwegen und für uns gestorben, damit wir durch den Glauben an seinen Tod dem Tode entfliehen⁵).

Die Frucht des Todes des Herrn ist das Leben der Welt; das Princip dieses Lebens ist das Opferblut Gottes, das Leben spendende Kraft besitzt⁶). Aus seinem Tode kommt der Menschheit alle Gnade

1) Ἀστὴρ ἐν οὐρανῷ ἔλαμψεν ὑπὲρ πάντας τοὺς ἀστέρας, καὶ τὸ φῶς αὐτοῦ ἀνεκλάλητον ἦν, καὶ ξενισμὸν παρεῖχεν ἡ καινότης αὐτοῦ. Τὰ δὲ λοιπὰ πάντα ἄστρα, ἅμα ἡλίῳ καὶ σελήνῃ, χορὸς ἐγένετο τῷ ἀστέρι, αὐτὸς δὲ ἦν ὑπερβάλλων τὸ φῶς αὐτοῦ ὑπὲρ πάντα. Ταραχή τε ἦν, πόθεν ἡ καινότης ἡ ἀνόμοιος αὐτοῖς. Ad Ephes. c. 19. Die nähere Kunde von der Beschaffenheit dieses Sternes empfing Ignatius sicher von seinem Lehrer Johannes, der in so naher Beziehung zur Mutter des Herrn gestanden. Joh. 19, 26. 27. Dieser Schilderung gemäß war dieser Stern ein ganz außerordentliches, nie gesehenes (ξενισμός), wunderbares Himmelsgestirn, dessen Aufgehen die Menschen in Bestürzung versetzte, da Niemand (mit Ausnahme der Magier) seine Bedeutung kannte, aber Jedermann ahnte, daß er ein Weltereigniß anzeige. Im Heidenthum war die Astrologie allgemeiner Volksglaube; es läßt sich daraus entnehmen, welche Aufregung der Stern in der heidnischen Welt, insbesondere im Oriente hervorgerufen haben mag. — 2) Ad Trall. c. 9.
3) Ἵνα διὰ τοῦ μαρτυρίου ἐπιτύχῃ δυνηθῇς μαθητὴς εἶναι τοῦ ὑπὲρ ἡμῶν ἑαυτὸν ἀνενέγκαντος θεῷ προσφορὰν καὶ θυσίαν. Ad Ephes. c. 1. S. Ephes. 5, 2.
4) Πάντα ὑπέμεινε δι' ἡμᾶς, ἵνα σωθῶμεν. Ad Smyrn. c. 2.
5) Δι' ἡμᾶς, ὑπὲρ ἡμῶν. Ad Trall. c. 2. Rom. c. 6.
6) Ad Ephes. c. 1.

und alles Heil. Auf Grund des wahrhaften Leidens des Gottmenschen faßte der Vater den Rathschluß der Auserwählung, Erbarmung und Heiligung der Kirche von Ephesus. Der Kreuzestod ist das Geheimniß, aus dem unser Glaube entspringt und unser wahres Leben. „Für den Glauben Gottes," d. i. für den wahren Glauben, der als solcher von Gott stammt, eine Gnade Gottes oder eine übernatürliche, göttliche Tugend ist, „ist Christus gekreuzigt worden[1]."

Einen anderen ebenso tiefsinnigen, als originellen Gedanken spricht Ignatius aus, wenn er bemerkt, „durch das Leiden des Herrn sei das Wasser gereinigt worden[2]." Er meint damit unzweifelhaft die im Worte Gottes wiedergebärende, reinigende und heiligende Kraft des Wassers in der Taufe, da er den Gedanken in unmittelbare Beziehung mit der Taufe Christi bringt. Eine ähnliche tiefsinnige, mystische Auffassung begegnet uns, wenn er das Kreuz das Heilswerkzeug Jesu Christi und des heiligen Geistes nennt, durch das die Gläubigen mit dem Vater verbunden werden, Erlösung und ewiges Leben empfangen[3]; und wenn er den Gekreuzigten selbst als den neuen Baum des Lebens bezeichnet. Als solcher ist ihm Christus der neue Lebensstamm, aus dem das neue Geschlecht sproßt. Darum sagt er: „Durch das Kreuz ruft er (Christus) Alle in seinem Leiden zu sich, sie zur lebendigen Einheit mit sich vereinigend, er, das Haupt, das ohne Glieder nicht sein kann[4]." Eingepflanzt dem Gekreuzigten und dem Kreuze, sind die Gläubigen Zweige, Sprößlinge des Kreuzes, die unverwesliche Frucht tragen: „denn von dieser Frucht (Christo am Kreuze) stammen wir, von seinem als göttlich zu preisenden Leiden[5]." Am Kreuze wie angenagelt, hangt darum in Glaube und Liebe die Gemeinde in Smyrna[6]. Ignatius selbst ist ein Auswürfling des Kreuzes[7] (eine unreife Frucht, ein armseliger,

---
1) Πίστει Θεοῦ . . . ὑπὲρ τῆς Ἰησοῦ Χριστοῦ ἐσταυρώθη. Ad Ephes. c. 16. Magn. c. 2.
2) Ad Ephes. c. 18. S. oben S. 16. Anm. 1. — 3) l. c. S. oben S. 12. Anm. 3.
4) Διὰ οὖ (σταυροῦ) ἐν τῷ πάθει αὐτοῦ προσκαλεῖται ἡμᾶς, ὄντας μέλη αὐτοῦ. Οὐ δύναται οὖν κεφαλὴ χωρὶς γεννηθῆναι ἄνευ μελῶν. Ad Trall. c. 11.
5) Ἀφ' οὖ καρποῦ (Ἰησοῦ Χριστοῦ) ἡμεῖς ἀπὸ τοῦ θεομακαρίστου αὐτοῦ πάθους. Ad Smyrn. c. 1. Trall. c. 11. — 6) Ad Smyrn. c. 1.
7) Περίψημα τὸ ἐμὸν πνεῦμα τοῦ σταυροῦ. Ad Ephes. c. 18. Περίψημα ist sehr bezeichnend. Ignatius ist seinem inneren Menschen nach eine Frucht,

verächtlicher Splitter, der vom Kreuze gefallen), wie er sich in seiner Demuth und im Gefühle seiner Unwürdigkeit nennt. Auf das Kreuz ist sein Glaube und seine Hoffnung gegründet; es ist seine Freude und sein Frohlocken. In der Erkenntniß des Geheimnisses des Kreuzes besteht die wahre Weisheit, weil es ist Heil und ewiges Leben. Das begreifen freilich die Weisen dieser Welt nicht; daher haben sie keine Hoffnung; denn an dieses Geheimniß des Blutes Jesu Christi muß Alles glauben im Himmel und auf Erden. Wer nicht daran glaubt, geht zu Grunde [1]).

Das dritte Grundgeheimniß ist die **Auferstehung des Herrn von den Todten**. Sich anschließend an die biblische Ausdrucksweise, nennt sie Ignatius sowohl „Auferweckung", d. i. der leiblichen Menschheit des Erlösers, und schreibt sie dann dem Vater zu, als auch „Auferstehung", indem der Sohn selbst nach seiner göttlichen Natur in Betracht genommen ist [2]). Auch unterläßt er nicht, ausdrücklich hervorzuheben, daß der **nämliche Leib**, der gelitten hat und gestorben ist, auch auferweckt worden [3]).

Die Auferweckung wird dargestellt als der Triumph des Erlösers; daher heißt es: „**Durch seine Auferstehung hat er (Christus) die Fahne für alle Zeiten erhoben, für die Heiligen und Gläubigen aus Juden und Heiden in dem Einen Leibe seiner Kirche [4]).**" Die Siegesfahne des Auferstandenen, das Kreuz, ist in seiner Kirche aufgerichtet für immer, sie kann nicht sinken, sie ist die christliche Welt- und Völkerfahne geworden. An sie ist der Sieg geknüpft über die Welt, die Hölle, den Tod. Denn wie die Auferstehung für Christum selbst zur Verherrlichung geworden, so

ein Sprößling des neuen Lebensbaumes, des Kreuzes; aber seine Demuth erlaubt es ihm nicht, sich einen solchen zu nennen Er nennt sich auch gegen die Ephesier ein περίψημα ὑμῶν, den Unwürdigsten, einen Auswürfling von ihnen (c. 8 et 21. *Ad Trall.* c. 13), wie er sich den römischen Christen gegenüber eine „Fehlgeburt" (ἔκτρωμα, c. 9) nennt. Die Correctur προσκύνημα für περίψημα, „mein Geist ist eine Anbetung des Kreuzes," ist somit unnöthig, auch unstatthaft als der Demuth des Heiligen widersprechend.

1) *Ad Ephes.* c. 18. *Smyrn.* c. 1. 5. 6.
2) *Ad Trall.* c. 9. *Smyrn.* c. 7. *Rom.* c. 6.
3) *Ad Smyrn.* l. c.
4) Ἀγ' οὗ καρπὸς ἡμεῖς ἀπὸ τοῦ θεομακαρίστου αὐτοῦ πάθους, ἵνα ἄρῃ σύσσημον εἰς τοὺς αἰῶνας διὰ τῆς ἀναστάσεως εἰς τοὺς ἁγίους καὶ πιστοὺς αὐτοῦ, εἴτε ἐν Ἰουδαίοις, εἴτε ἐν ἔθνεσιν, ἐν ἑνὶ σώματι τῆς ἐκκλησίας αὐτοῦ. *Ad Smyrn.* c. 1.

ist sie zugleich auch für Alle, die an ihn glauben, der Grund einer glorreichen Auferstehung in einem glorificirten, dem seinen ähnlichen Leibe. „In ihm wird auch uns, die wir an ihn, in dem wir das wahre Leben haben, glauben, der Vater auferwecken, um uns ihm (dem verklärten Erlöser) ähnlich zu machen¹)." Weil die Apostel an den Auferstandenen geglaubt, haben sie über den Tod triumphirt²). Wer an ihn, der für uns gestorben und auferstanden ist³), glaubt, der entflieht dem (ewigen) Tode; für ihn wird Christus die Auferstehung, die Hoffnung und das ewige Leben⁴). Als Auferstandener ist Christus der **Friedensfürst, die Freude der Welt.** „Die Kirche in Tralles hat den Frieden im Fleische und Blute, im Leiden und in der Auferstehung Jesu Christi." Die Kirche in Philadelphia frohlocket im Leiden und in der Auferstehung Jesu Christi⁵).

Der tiefsinnige apostolische Lehrer sieht demgemäß in der Incarnation und Geburt des Sohnes Gottes den Beginn des Erlösungswerkes, des Reiches Gottes auf Erden; im Leiden und Tode das große Opfer der Welterlösung, den Ursprung des neuen Gnaden- und Lebensquelles in der Welt; in der Auferstehung den Sieg und die Verherrlichung des Gottmenschen, die Aufrichtung der christlichen Siegesfahne, den Grund und Ursprung des unsterblichen Lebens. Diese drei Grundgeheimnisse oder die Person des menschgewordenen, leidenden und triumphirenden Sohnes Gottes machen ihm das Wesen, den Alles überragenden Inhalt des Christenthums aus. Darauf hat er seinen Glauben, seine Hoffnung, sein Heil gegründet⁶). Christus steht daher als der neue Mensch⁷) in dem Menschengeschlechte, als der neue, bessere Stammvater, aus dem ein neues Geschlecht Gottes hervorgeht; mit ihm beginnt eine neue Periode der Geschichte: der Untergang des Reiches des Fürsten dieser Welt und die Gründung und fortschreitende Ausbreitung des Reiches Gottes auf Erden, eine neue Weltära. Den Anfang nahm sie mit dem Eintritt des Erlösers in die Welt zur Erneuerung des ewigen Lebens. „**Von dort an ward aufgelöst alle Magie (Götzendienst), hinweggenommen jegliches Band der Bosheit, verscheucht alle Unwissenheit, vernichtet das alte Reich des Satans.** Es nahm

---

1) *Ad Trall.* c. 9. — 2) *Ad Smyrn.* c. 3. — 3) *Ad Rom.* c. 6. —
4) *Ad Trall.* c. 2 et 9. *Magn.* c. 11. — 5) *Ad Trall. et Philad.* Proem. —
6) *Ad Philad.* c. 8. — 7) Ὁ καινὸς ἄνθρωπος. *Ad Ephes.* c. 20.

seinen Anfang, was bei Gott schon vollbrachte Thatsachen waren. Daher kam damals auch Alles in Bewegung, da es auf die Vernichtung des Todes abgesehen war¹). Mit diesen Worten hat Ignatius seine Geschichtsauffassung ausgesprochen. Sie ist ebenso großartig als tiefsinnig. Vom Sündenfalle an Ausbreitung der Finsterniß, des Aberglaubens und Unglaubens im Heidenthume, der Sünde und Knechtschaft unter der Gewaltherrschaft des Satans. Darin besteht das alte Reich des Fürsten dieser Welt. Vom Eintritte des Erlösers in die Menschheit und in die Welt an Untergang des Sündenreiches, Aufgehen des Lichtes wahrer Gotteserkenntniß und Gottesverehrung, Lösung aus der Knechtschaft und Wiedereinsetzung in die Freiheit der Kinder Gottes, stets und unaufhaltsam fortgehende Ausbreitung des Reiches Christi voll Gnade und Wahrheit: zwei Thatsachen, an denen das ganze Weltall betheiligt ist, da es ja auch, wie die Menschheit, durch den Erlöser aus der Knechtschaft und der Vergänglichkeit, der es unterworfen ist und in der es nach Erlösung seufzt, in die Freiheit der Kinder Gottes eingesetzt und der Erneuerung und Verklärung entgegengeführt wird.

Was aber auf Erden im Zeitverlaufe nach einander sich vollzieht, „ist bei Gott schon vollbracht," hat in seiner idealen Fassung in Gott von Ewigkeit Realität und Wirklichkeit, d. i. die Erscheinung des Erlösers im Fleische, oder sein Erlösungswerk in der Zeit bildet den Grund und Ausgangspunkt des göttlichen Weltplanes und der ganzen göttlichen Weltregierung, umfaßt somit auch die vorchristliche Zeit, wie die christliche, so daß die Gnaden der Erlösung aus ihrem überzeitlichen Quell vom Anfange an in die Zeit sich herniedergegossen haben, bis dieser Quell in Christo in die Menschheit selbst herein versetzt ward und nun in seiner Kirche als Strom des neuen Lebenswassers durch die Zeiten in die Ewigkeit fließt.

Christus, der Gottmensch, faßt die Ewigkeit und die Zeit in sich. Er ist zeitlich und überzeitlich: in ihm berühren und durchdringen sich

---

1) Ὅτεν Θεὸς πᾶσα μαγεία, καὶ πᾶς δεσμὸς ἠφανίζετο κακίας· ἄγνοια καθῃρεῖτο, παλαιὰ βασιλεία διεφθείρετο, Θεοῦ ἀνθρωπίνως φανερουμένου εἰς καινότητα ἀϊδίου ζωῆς. Ἀρχὴν δὲ ἐλάμβανεν τὸ παρὰ Θεῷ ἀπηρτισμένον. Ἔνθεν τὰ πάντα συνεκινεῖτο, διὰ τὸ μελετᾶσθαι θανάτου κατάλυσιν. *Ad Ephes.* c. 19. Τὰ πάντα bezeichnet die ganze sichtbare und unsichtbare Welt, das „Weltall". Es sind damit die das ganze Weltall umfassenden Wirkungen der Erlösung gemeint.

als ihrem Mittel- und Durchgangspunkt die vorchristliche und die christliche Zeit. Er ist daher auch der einzige Mittler zwischen der Zeit und der Ewigkeit, zwischen Gott und dem Menschengeschlechte, „der Hohepriester, dem das Allerheiligste anvertraut ist, dem alle Geheimnisse anvertraut sind, er, der da ist die Thüre zum Vater, durch die eingegangen sind Abraham und Isaak und Jakob und die Propheten und die Apostel und die Kirche: Alles dieses zur Einheit Gottes [1]."

Und wie Christus in und über der Zeit steht, so ist auch die von ihm gestiftete Religion, das Evangelium, in ihrer idealen Stellung und Geltung universal, indem sie alle Zeit umfaßt, indem auch die Propheten und heiligen Personen des alten Bundes dem Geiste nach ihr angehörten, „im Evangelium (Christenthum) der gemeinsamen Hoffnung mitgezählt worden sind [2]."

So faßt Ignatius das Christenthum auf: in seinem Wesen und Inhalt als göttlich, in seiner Bestimmung die Erneuerung der Welt und der Menschheit zum ewigen Leben bezweckend, in seiner Geltung als universal.

§. 3.

Das Verhältniß des Christenthums zum Judenthum.

Der damalige große geistige Kampf betraf auch die Stellung des Judenthums zum Christenthum, indem jenes diesem gegenüber noch immer seine berechtigte Geltung behauptete und dadurch den christlichen Gemeinden gefährlich wurde. Wie die Apostel, hatte somit auch Ignatius dringenden Anlaß sich darüber auszusprechen. Er that dies in wenigen, aber präcisen Sätzen, in denen er das Verhältniß beider ebenso treffend als klar und einleuchtend darstellt und jedes in seiner Bedeutung anerkennt und würdigt.

An sich ist ihm das Judenthum etwas Gutes, aber nur eine Vorstufe des Christenthums, die in dieses hinüberzuführen den Zweck hatte. „Gut," sagt er daher, „sind wohl auch die Priester" (die alttestamentliche Priesterordnung), „besser aber der Hohepriester (Christus) [3]." Er rechnet es darum den judaistischen Häre-

---

1) *Ad Philad.* c. 9.
2) Συναηθμιμένοι ἐν τῷ εὐαγγελίῳ τῆς κοινῆς ἐλπίδος. *Ad Philad.* c. 5.
3) Καλοὶ καὶ οἱ ἱερεῖς, κρεῖσσον δὲ ὁ ἀρχιερεύς, ὁ πεπιστευμένος τὰ ἅγια τῶν ἁγίων, ὃς μόνος πεπίστευται τὰ κρυπτὰ τοῦ Θεοῦ. *Ad Philad.* c. 9.

titern zum Vorwurfe an, daß sie sich weder durch die Prophezien, noch durch das mosaische Gesetz zur Ueberzeugung bringen lassen, daß Jesus der Messias sei. Zu dieser Ueberzeugung hätten sie kommen sollen, da sie in Christo alle Weissagungen und Vorbilder des alten Bundes erfüllt sahen.

Näher wird das Wesen und die Bestimmung des Judenthums damit angegeben, daß es ein Sauerteig (ζύμη) genannt wird¹). Damit will gesagt sein: Das Judenthum hatte die Aufgabe, das israelitische Volk mitten in der von der Sünde ergriffenen und in einem geistigen Verwesungsproceß befindlichen heidnischen Welt vor dieser Fäulniß des allgemeinen Verderbens zu bewahren, die Keime und verborgenen Kräfte zu einer Regeneration der ganzen Menschheit in sich zu tragen und diesen großen Umgestaltungs- und Erneuerungsprozeß selbst einzuleiten und vorzubereiten. Dieser blos vorbildliche Charakter, diese zeitweilige, vorbereitende Bestimmung des Judenthums ist besonders scharf hervorgehoben. Der Anschauung des Ignatius gemäß hatte es eben als Vorbereitung nicht die Kraft der Vermittlung und Gewährung des Heiles in sich, sondern dieses konnte den Juden nur die Hoffnung auf den Messias und der Glaube an ihn und ein Leben nach ihm gewähren. Daher sagt er von den Propheten: „Von seiner Gnade erleuchtet, glaubten sie an Jesum Christum, in welchem sich der Eine wahre Gott selbst geoffenbaret hat, und so sind sie im Geiste seine Schüler geworden, haben sie seine Ankunft verkündet und ihn als ihren Lehrmeister erwartet, für diesen Glauben auch Verfolgung gelitten; mit Christo im Glauben an ihn geeinigt, haben sie in ihm das Heil erlangt, sind sie Heilige, unserer Liebe und Bewunderung würdig geworden, haben sie von Christo das Zeugniß erlangt, daß sie ihm angehörten, indem er sie, als er erschienen war, auferweckte von den Todten, und sind sie mitgezählt worden im Evangelium der gemeinsamen Hoffnung²)."

Ignatius sieht demgemäß im Judenthum eine göttliche Anstalt zur Regeneration des Judenvolkes, die aber diese neugestaltende Kraft

---

1) *Ad Magn.* c. 10.
2) *Ad Magn.* c. 8 et 9. *Philad.* c. 5. Die Schlußworte beziehen sich auf die Thatsache, daß bei dem Tode des Herrn viele Heilige aus den Gräbern auferstanden und in der heiligen Stadt erschienen. Matth. 27, 52. 53.

nicht in sich selbst trug, sondern die ihr zukam vermöge ihres realen Zusammenhanges mit Christo und mit dem Christenthum. Diese göttliche alttestamentliche Anstalt war wie der Zeit nach, so auch dem Inhalte und Wesen nach nur Vorstufe und Hülle. Wer im Judenthum das Heil erlangen wollte, der mußte in dem Buchstaben den Geist erfassen, überhaupt die vorbildliche und vorbereitende Bedeutung des Gesetzes erforschen und erkennen. Sein geistiges Leben durfte im Judenthum nicht vollständig aufgehen und sich völlig befriedigt fühlen: es mußte als Sehnsucht und Hoffnung über das Gesetz hinausreichen, in dem vom Gesetze vorgebildeten und angezeigten Messias das Heil erwarten, also in ihn mit Glaube und Liebe eingehen, somit in sein Leben, wie es im Gesetze, wenn es im rechten Geiste gefaßt wurde, sich abspiegelte, eintreten. Dann stand er, obwohl unter dem Gesetze lebend, im Geiste über demselben in Christo, lebte er einer neuen Hoffnung nach, reichte er über das Judenthum hinaus in das Christenthum hinein, gehörte er dem Christenthum mit seinem geistigen Leben an und empfing er von Christo die Heilsgnade und das neue Leben und ward er durch ihn mit Gott geeinigt.

So waren die Propheten. Erfüllt und inspirirt vom Geiste Gottes, wandelten sie zwar in den Satzungen und Gebräuchen des alten Bundes, aber mit ihren vom göttlichen Lichte erleuchteten Augen schauten sie über das Judenthum hinaus und sahen den kommenden Messias und die nahende Gnadenzeit im messianischen Reiche. Sie glaubten sofort an ihn, und verkündeten ihn; ihm gehörte ihr ganzes geistiges Leben und Wirken an, indem sie seine Herolde und Sendboten wurden — und so lebten sie in ihm und wirkten sie für ihn und zählten sie ihrem Geiste nach zu seinen Gläubigen und Schülern, zum Christenthum.

Und als solche, die dem Geiste nach dem Christenthum angehörten und als die Vorläufer und Wegbereiter den Messias und seine Ankunft im Judenthum predigten, auch unter den Heiden den wahren Gott verkündigten, müssen sie von den Gläubigen der christlichen Zeit geehrt werden. Oder mit anderen Worten: Jenes Judenthum, das die Propheten vertraten und an sich darstellten und verwirklichten, muß als eine von Gott angeordnete Vorstufe der christlichen Heilsordnung angesehen und angenommen werden. Propheten (Judenthum), Christus und sein Heilswerk (Evangelium), Apostel (Kirche) muß der wahre Christ im Glauben umfassen und darauf seine Heils=

Hoffnung setzen¹). Wie jene seine Vorläufer und inspirirten Zeugen im Judenthum, so sind die Apostel und ihre Nachfolger seine Zeugen und Wortführer in der christlichen Zeit, während Christus selbst, der menschgewordene Logos, in der Mitte der Zeit stehend und alle Zeit umfassend, dort im alten Bunde unter Typen gegenwärtig und wirksam war, im neuen Bunde aber in wesenhafter Gegenwart in seiner Kirche lebt und wirkt.

So sieht Ignatius das Verhältniß des Judenthums zum Christenthum an; in dieser geistreichen Weise zeigt er die richtige Stellung des Judenthums und gewinnt er zugleich den richtigen Standpunkt gegenüber den beiden häretischen Richtungen jener Zeit, von welchen die eine (gnostische) das Judenthum als Werk des bösen Demiurgos oder auch bösen Gottes gänzlich verwarf, während die andere (judaistische) seine fortdauernde Geltung auch für die christliche Zeit lehrte und unter Verwerfung des Christenthums daran festhielt.

Mit dieser geistvollen Auffassung des alten Bundes und des alttestamentlichen Prophetenthums hat Ignatius zugleich ein kräftiges Argument gegen das Festhalten am Judenthum gewonnen, das er wiederholt zur Verwerthung bringt. Wenn nämlich damals schon, ist seine Schlußfolgerung, im alten Bunde die Propheten nicht dadurch, daß sie den Buchstaben des Gesetzes, wenn auch noch so genau, beobachteten, sondern dadurch, daß sie in den Geist desselben eingeführt, in demselben eine Hinweisung auf den Messias sahen, und sofort im Glauben und in der Hoffnung und Liebe, in Vereinigung ihres ganzen

---

1) Ἀλλ' ἡ προσευχὴ ὑμῶν εἰς Θεὸν με ἀπαρτίσει, ἵνα, ἐν ᾧ κλήρῳ ἠλεήθην, ἐπιτύχω. προσφυγὼν τῷ εὐαγγελίῳ ὡς σαρκὶ Ἰησοῦ, καὶ τοῖς ἀποστόλοις ὡς πρεσβυτερίῳ ἐκκλησίας. Καὶ τοὺς προφήτας δὲ ἀγαπῶμεν, διὰ τὸ καὶ αὐτοὺς εἰς τὸ εὐαγγέλιον κατηγγελκέναι. Ad Philad. c. 5. Hier ist nicht von den **Schriften** der Propheten und Apostel und von den geschriebenen Evangelien die Rede, sondern von ihren **Personen** und ihrer **Stellung und Wirksamkeit im Erlösungswerke**. Σάρξ bezeichnet den menschgewordenen Logos; εὐαγγέλιον seine ganze Erlösungsthätigkeit in Wort und That von seiner Empfängniß bis zur Himmelfahrt. Der Sinn ist: „Ich setze alle meine Hoffnung auf das Evangelium, d. i auf den **Mensch gewordenen, leidenden, auferstandenen Erlöser und Gottessohn.**" Mit der Himmelfahrt des Herrn schließt das Evangelium, weil seine sichtbare Gegenwart auf Erden endet; an seine Stelle treten die **Apostel und die Kirche**. Sie verbürgen, da sie die Stellvertreter des Herrn und die ersten Versicher der Kirche waren, die Fortsetzung des Erlösungswerkes. Näheres s. „Briefe des heil. Ignatius" S. 142 f.

geistigen Lebens mit ihm — ihr Heil fanden: wie sollen wir jetzt, nachdem der Messias wirklich gekommen und die großen Gnadenge= heimnisse der Erlösung vollbracht und sein Gnadenreich, die Kirche, gestiftet hat, wie sollen wir ohne ihn das Leben haben können? „Wenn wir jetzt noch nach dem Judenthum leben, so geben wir damit zu erkennen, daß wir die Gnade (d. i. die Rechtfertigung durch Christum) nicht empfangen haben 1)."

Für Juden und Heiden gibt es außer dem Christenthum und ohne Christum kein Heil; denn es faßt die drei großen Geheimnisse: Geburt, Leiden und Tod und Auferstehung, d. i. den Messias als Gottmenschen und Erlöser, und in ihm den ganzen Schatz des Er= lösungsverdienstes in sich. „Es ist daher die Vollendung der Unverweslichkeit 2)."

Damit spricht Ignatius abermals kurz und treffend das Ver= hältniß des Christenthums zum Judenthum aus. Er will sagen: Das Christenthum (die Kirche) ist an sich unvergänglich und theilt auch den Gläubigen ein unvergängliches Leben mit, weil göttliche Gnadenkräfte ihm eingesenkt sind und in ihm zur Wirksamkeit kommen. Das ist seine Auszeichnung. An dieser Unverweslichkeit participirte nach diesem Gedanken des Heiligen wohl auch das Judenthum; denn er nennt das Christenthum die Vollendung der Unverweslichkeit oder Unvergänglichkeit und das Judenthum auch einen Sauerteig. Indem das Judenthum wie einen Embryo das Christenthum in sich trug, hatte es den Charakter der Unvergänglichkeit mitten in der Ver= gänglichkeit alles Irdischen, bis das Christenthum aus ihm heraus und an seine Stelle trat. Bis dahin konnte es nicht vergehen, bildete es den geistigen Sauerteig in den Völkermassen. Mit dem Erscheinen des Messias aber war seine Zeit aus, seine Bestimmung erfüllt; es sollte nun enden, im Christenthum aufgehen, oder wie Ignatius sagt, „der Judaismus sollte an den Christianismus glau= ben 3)." Wenn es also auch in der christlichen Zeit noch fortbestehen wollte und will, so ist das ganz gegen seine Natur und Bestimmung. Dadurch

1) *Ad Magn.* c. 8.
2) Οἱ γὰρ ἀγαπητοὶ προφῆται κατήγγειλαν εἰς αὐτόν (Ἰησοῦν Χρ.) τὸ δὲ εὐαγγέλιον ἀπάρτισμά ἐστιν ἀφθαρσίας. *Ad Philad.* c. 9.
3) Ὁ γὰρ Χριστιανισμὸς οὐκ εἰς Ἰουδαϊσμὸν ἐπίστευσεν, ἀλλ' Ἰουδαϊσμὸς εἰς Χριστιανισμόν, εἰς ὃν πᾶσα γλῶσσα πιστεύσασα εἰς Θεὸν συνήχθη. *Ad Magn.* c. 10.

ist es sich selbst abtrünnig geworden und hat seine ganze Natur verleugnet. Daher nennt Ignatius das noch fortbestehende Judenthum einen bösen, veralteten und bitter gewordenen Sauerteig und ruft den Christen zu: „**Setzet euch also hinweg über den bösen, veralteten und bitter gewordenen Sauerteig und wandelt euch um in den neuen Sauerteig, der da ist Jesus Christus**[1]). **Salzet euch ein in ihm, damit Keiner in Verwesung übergehe**[2])."

Das Judenthum ist in Verwesung übergegangen, nachdem der Geist aus ihm entwichen; es ist böse, zur Häresie geworden. Nachdem Christus aus dem Schooße des Judenthums, in dem er verborgen und erlösend wirkend gegenwärtig gewesen, hervorgegangen, ist er überhaupt aus demselben herausgetreten und hat seinen Geist und seine Gnadenkraft demselben vollständig entzogen. Die göttlichen, belebenden Heilskräfte sind von Christo jetzt im Christenthume concentrirt. Judenthum und Christenthum lassen sich somit nicht vereinigen; sie bilden Gegensätze, wie Tod und Leben. „**Unstatthaft ist es**," ruft darum Ignatius aus, „**Jesum Christum bekennen und wie ein Jude leben**[3])." „Wir müssen nach dem Christenthume leben. Wer sich nach einem anderen Namen nennt als nach diesem (Christo), der hat an Gott keinen Antheil[4])." Wer jetzt noch das Judenthum erklären will, den darf man nicht hören. Besser ist es, von einem Beschnittenen (Juden) das Christenthum anzunehmen, als

---

1) Ὑπέρθεσθε οὖν τὴν κακὴν ζύμην, τὴν παλαιωθεῖσαν καὶ ἐνοξίσασαν, καὶ μεταβάλλεσθε εἰς νέαν ζύμην, ὅ ἐστιν Ἰησοῦς Χριστός. Ad Magn. c. 10. „Setzet euch hinweg" ist die ganz adäquate, wörtliche Uebersetzung von ὑπέρθεσθε. Daß sie im Theol. Lit.=Bl. 1871, S. 117 beanstandet wird, ist daher auffallend. Geradezu komisch aber die Gegenbemerkung: „Hiernach wäre der Versuch, die folgenden Worte: μεταβάλλεσθε κ. τ. λ. gleichfalls im Sinne einer blos äußerlichen (?) Gerechtigkeit zu interpretiren, nicht unberechtigt." Als wenn etwa die Magnesier aufgefordert würden, sich „äußerlich" über das Judenthum, gewissermaßen mit einem salto mortale hinwegzusetzen. Das „Sich hinwegsetzen" bezeichnet ja gerade die vollständige innerliche Ueberwindung und gänzliche Verwerfung des Judenthums und die Erhebung auf den höheren Standpunkt des Christenthums. Es schließt also das superare in sich, sagt aber noch mehr. Ignatius redet hier vom ganzen Judenthum, nicht von judaistisch gesinnten Christen in Magnesia. Solche gab es dort nicht, wie dies Ignatius selbst bezeugt: Ταῦτα δὲ ἀγαπητοί μου, οὐκ ἐπεὶ ἔγνων τινὰς ἐξ ὑμῶν οὕτως ἔχοντας. L. c. c. 11.
2) l. c. c. 10.
3) Ἄτοπόν ἐστιν Ἰησοῦν Χριστὸν λαλεῖν, καὶ ἰουδαΐζειν. L. c.
4) Ὅς γὰρ ἄλλῳ ὀνόματι καλεῖται πλέον τούτου, οὐκ ἔστιν τοῦ Θεοῦ. L. c.

von einem Unbeschnittenen (Heiden) das Judenthum. Wenn aber beide von Christo nichts sagen" (die kirchliche Lehre von der Erlösung durch den Opfertod Christi nicht verkündigen), „so sind sie Grabsäulen und Todtenmonumente, auf denen die Namen von Menschen geschrieben stehen¹)."

Alles muß an Jesum Christum glauben und in das Christenthum eingehen, Judenthum und Heidenthum. Das Christenthum ist wie die allein wahre und göttliche, so auch die universale Religion. Im Christenthum sollen alle Zungen zum Glauben an Christum gebracht und so mit Gott vereinigt werden²). In ihm ist die Siegesfahne des Auferstandenen (das Kreuz) als die große, gemeinsame Völkerfahne aufgepflanzt, um welche Alle, Juden und Heiden, sich sammeln sollen zu dem Einen Leibe seiner Kirche.

Drittes Kapitel.
Die Lehre von der Kirche.

§. 1.
Die Kirche Jesu Christi. Ihre Einheit.

Das Christenthum in seiner concreten Wirklichkeit ist die Kirche. Diese ist in ihrem Wesen und in ihrer Bestimmung nichts Anderes, als das in der Welt real gegenwärtige Christenthum. Was demnach von dem Christenthum gesagt worden, das gilt auch von der Kirche. Sie besitzt daher als ihre Auszeichnung vor dem Judenthum die Geburt, das Leiden und die Auferstehung des Herrn; mit anderen Worten, sie ist das große Resultat seiner Menschwerdung und gesammten Erlösungsthätigkeit auf Erden und faßt den Inhalt seines ganzen Heilswerkes, alle göttlichen Wahrheiten, alle Gnadenschätze und Heilsinstitutionen in sich. Sie ist somit gestiftet zu dem Zwecke, sein Erlösungswerk durch alle Zeiten fortzusetzen oder, um mit Ignatius zu reden, die Erneuerung des ewigen Lebens für die Menschheit in der Zeit und deren Wiedervereinigung mit Gott zu vollbringen.

---
1) *Ad Philad.* c. 6. — 2) *Ad Magn.* c. 10.

Demgemäß haben wir in der Kirche zu unterscheiden das Göttliche, Objective oder dasjenige, was Christus in der Menschheit hinterlegt und gestiftet hat, um die Heiligung der Menschen und deren Gottgemeinschaft zu verwirklichen, d. i. die Kirche als Heilsanstalt, und das Subjective, Menschliche oder diejenigen, in denen diese Erneuerung und lebendige Gotteinigung bereits realisirt ist oder vollzogen wird. Daß Ignatius in seiner Auffassung der Kirche wirklich diese Unterscheidung gemacht, ergibt sich schon aus seiner Auffassung des Christenthums, und sehen wir noch genauer, wenn wir die Bilder betrachten, unter denen er die Kirche dargestellt hat. Sie führen uns in seine Anschauung tiefer hinein. Diese Bilder sind die biblischen.

Die Kirche ist ihm das Reich Gottes auf Erden. Wir wissen bereits, welche Idee er damit verbindet. Von Ewigkeit her bei Gott beschlossen und ideal realisirt, im Judenthum dann vorbereitet, begann seine Verwirklichung mit der Incarnation des Logos, mit dem persönlichen und leibhaften Eintritte Gottes in die Menschheit. Von dort an datirt der Beginn des fortschreitenden Untergangs des alten Reiches der Sünde und die Gründung und fortgehende Ausbreitung des Reiches der Gnade und des Lebens¹).

Als Genossen gehören diesem Reiche diejenigen an, welche dieses göttlichen Gnadenlebens theilhaftig geworden, in dem neuen Menschen Christo geheiligt und gotteinigt und folglich auch mit dem von Gott bestellten sichtbaren Vorsteherthum in der Kirche in Einheit verbunden sind. Ferner stellt sich ihm die Kirche dar als das Haus Gottes des Vaters. Die Einrichtung dieses Hauses ist der göttliche Haushalt; seine Vorsteher und Verwalter sind die Stellvertreter und Abgesandten Gottes, und seine Bewohner Gottes Hausgenossen²).

Ist in diesen beiden Bildern die Kirche mehr nach ihrer objectiven Seite als Heils- und Gnadenanstalt in's Auge gefaßt, so tritt in den folgenden stärker die subjective hervor, wenn sie mit einem lebendigen Gottestempel verglichen wird, den der heilige Geist dem Vater aufbaut, dessen Bausteine die geheiligten Christen bilden, die, an der Maschine Jesu Christi, dem Kreuze, vom heiligen Geiste mit den Banden der Liebe und Gnade festgebunden, in die Höhe emporgehoben und dem großen Baue eingefügt sind³).

---

1) *Ad Ephes.* c. 19 S. oben S. 26 Anm. 1. 2) L. c. c. 6. —
3) L. c. c. 9. S. oben S. 12. Anm. 3.

Damit im Zusammenhange steht die Auffassung der Kirche als des **Leibes Christi**. Christus ist das Haupt, seine Gläubigen sind die Glieder dieses Leibes. In diesem Leibe ist die Siegesfahne des auferstandenen Erlösers, das Kreuz, für die Gläubigen aus dem Judenthum und dem Heidenthum für alle Zeiten aufgerichtet. Vom Kreuze aus ruft er alle zu sich, als Gekreuzigter ist er das Haupt der erlösten Menschheit[1]). Somit erscheint die Kirche als eine Gemeinde von Heiligen und Gläubigen, die um das Kreuz des Erlösers versammelt sind, das durch die Auferstehung zum Zeichen der Gnade und des Lebens, des Frohlockens und Triumphes geworden ist. Ja, die ganze Christenheit stellt sich, da die Gläubigen Sprößlinge des Kreuzes sind, dar als der neue Lebensbaum, der im incarnirten Logos seine Wurzel hat, aus seinem Leiden Säfte und Kräfte zieht und kraft seiner Auferstehung unsterbliche Früchte trägt[2]).

Hieraus vermögen wir zu entnehmen, wie innig und lebendig Ignatius das Verhältniß der Kirche zu Christo und Gott denkt. Es ist die realste und lebendigste Einheit. Die Kirche ist mit Christo verwachsen, wie der Leib mit dem Haupte. Sie gibt sich ihm ganz in Glaube und Liebe hin, und er nimmt sie hinwieder in sich auf zur vollen Einigung des Lebens und Wesens und versetzt sie in die innigste Lebenseinigung mit Gott dem Vater. Ignatius spricht dieses Ineinander-Sein und -Leben mit den schönen Worten aus: „**Die Kirche ist so mit Jesu Christo zusammengegossen, wie Jesus Christus mit dem Vater, damit Alles in harmonischer Einigkeit sei**[3])." Dieses „Zusammengegossensein" bezeichnet die vollständigste und unauflösliche Lebens- und Wesensgemeinschaft der geheiligten Menschheit mit Christo und durch ihn mit Gott, die reale Theilnahme derselben am göttlichen Leben und Sein. Die Einheit Jesu Christi mit dem Vater ist also ebenso der Typus, wie der Grund und die Ursache der Einheit der Menschen mit Gott in Christo. Weil Gott die Einheit in sich ist, darum will und realisirt er sie auch in der Menschheit durch und in Christo, dem Gottmenschen.

Indem die Kirche mit Gott in Christo geeinigt ist in unzer-

---

1) *Ad Trall.* c. 11. *Smyrn.* c. 1. — 2) *Ad Trall.* c. 11.
3) Πότῳ μᾶλλον ὑμᾶς μακαρίζω τοὺς ἐγκεκραμένους αὐτῷ (τῷ ἐπισκόπῳ), ὡς ἡ ἐκκλησία Ἰησοῦ Χριστῷ, καὶ ὡς Ἰησοῦς Χριστὸς τῷ πατρί, ἵνα πάντα ἐν ἑνότητι σύμφωνα ᾖ. *Ad Ephes.* c. 5.

trennbarer Lebensgemeinschaft, indem sie die Wiedervereinigung aller Menschen mit Gott zum Endzwecke hat, muß sie nothwendig in sich selbst einig sein und kann sie nur eine sein.

Nichts kehrt bei Ignatius öfter, als die Hervorhebung dieser Einheit. Die Kirche ist ihm nichts Anderes, als die geheiligte, in Gott durch die Liebe geeinigte Gemeinde der Gläubigen. Das Princip dieser Einheit ist Gott; das gottgeknüpfte, alle umschließende Band ist der Eine Glaube und die Eine Liebe und die gemeinsame Hoffnung; und die Wirkung hiervon ist die Versetzung des Menschen in Gott, seine Aufnahme in das göttliche Leben. Die Liebe ist nach Ignatius so wesentlich das die Kirche durchdringende und einigende geheimnißvolle Band, daß er diese geradezu „die Liebe" im concreten Sinne, den „Liebesbund" nennt¹).

In dieser Einheit muß Jeder in Glaube und Liebe verharren; denn von der Bewahrung dieser Glaubens-, Liebes- und Lebensgemeinschaft hängt das Heil ab. Wer in der Einheit der Kirche lebt, gehört Gott an; die Auflösung dieses geheimnißvollen Lebenszusammenhanges hat die Ausscheidung aus dem Reiche Gottes, aus dem Gnadenreiche der Erlösung und somit den geistigen Tod zur unmittelbaren Folge. Wer in diese Einheit wieder zurückkehrt, der kehrt wieder in die Einheit und in das Leben mit Gott zurück²). Mit ungetheiltem Herzen sollen daher alle Gläubigen sich an die Kirche und an einander hingeben. Ein Herz sollen alle sein, so daß, „wenn sie zum gemeinsamen Gottesdienste sich versammeln, dort sei Ein Gebet, Eine Bitte, Ein Herz, Eine Hoffnung in Liebe und lauterer Freude³)". Wer nicht in dieser Einheit der Kirche steht, „der ist keine Pflanzung des Vaters und steht nicht unter der Pflege Jesu Christi⁴)." „Täuscht euch nicht, meine Brüder," ruft Ignatius der Gemeinde zu Philadelphia warnend zu, „wenn Jemand einem Schismatiker anhangt, der hat keinen Antheil am Reiche Gottes, und wenn Jemand in einer andern (häretischen) Lehrmeinung wandelt, so ist er in das Leiden (des Herrn) nicht eingeschlossen⁵)," d. i. hat keinen

---

1) *Ad Rom.* Proem. et c. 9. S. unt. Kap. 4. S. 3.
2) *Ad Philad.* c. 3 et 8. — 3) *Ad Magn.* c. 7. *Philad.* c. 1. —
4) *Ad Philad.* c. 3. *Trall.* c. 11.
5) Μὴ πλανᾶσθε, ἀδελφοί μου· εἴ τις σχίζοντι ἀκολουθεῖ, βασιλείαν Θεοῦ οὐ κληρονομεῖ· εἴ τις ἐν ἀλλοτρίᾳ γνώμῃ περιπατεῖ, οὗτος τῷ πάθει οὐ συγκατατίθεται. *Ad Philad.* c. 3. S. „Briefe des hl. Ign." S. 140.

Antheil an der Erlösungsgnade. Die Irrlehrer, die reißende Wölfe in Menschengestalt, wüthende Hunde, die heimlich beißen, Gewächse des Satans sind, und nicht minder auch ihre Anhänger, werden in das unauslöschliche Feuer gehen¹).

Wie Ignatius alles Gewicht auf die innere Einheit mit Gott in Christo durch Glauben und Liebe, in heiliger Sinnes- und Herzenseintracht legt, ebenso auch auf die äußere, sichtbare kirchliche Eintracht. Die Kirche ist ihm nichts Unsichtbares, Wesenloses, sondern durchaus auch etwas Concretes und Sichtbares. Dies ergibt sich aus dem Wesen der Kirche; denn das innere göttliche Gemeinschaftsleben, das die Gläubigen erfüllt und umschließt, muß sich naturnothwendig als äußerliches darstellen.

Für Ignatius folgte dies schon daraus, weil er den geheiligten Menschen nicht blos geistig, sondern auch leiblich einsgeworden mit Christo faßt. Nach seiner Auffassung tritt der ganze Mensch, nach seiner ganzen Persönlichkeit, nach Geist und Leib in die Lebensgemeinschaft mit Christo und durch ihn mit Gott. Daher preist er die Kirche in Smyrna selig, „daß sie vollkommen sind in unwandelbarem Glauben, wie angenagelt an das Kreuz Jesu Christi dem Fleische und Geiste nach, und feststehend in der Liebe²)." Daher wünscht er „die Einheit in allen Kirchen, Einheit des Fleisches und Geistes mit Jesu Christo, der unser Leben immerdar, Einheit des Glaubens und der Liebe, über die nichts geht" (d. i. Liebe Gottes über Alles), „und das Herrlichere noch, Einheit mit Jesu und dem Vater³)"; daher rühmt er die römische Kirche, „daß sie geeignet sei in jedem Gebote Gottes nach Fleisch und Geist⁴)"; daher schreibt er an die Christen in Magnesia: „Seid unterthan dem Bischof und euch selbst gegenseitig, wie Jesus Christus dem Vater dem Fleische nach, und die Apostel Christo und dem Vater und dem Geiste, damit Einheit sei sowohl leibliche als auch geistige⁵)."

Mit dieser leiblichen und geistigen Einheit mit Christo ist aus-

---

1) l. c. *Ephes.* c. 16. — 2) *Ad Smyrn.* c. 1.
3) Ἄνευ τῆς ἐκκλησίας, ἐν ᾗ ἕνωσιν εὕρομεν σαρκὸς καὶ πνεύματος Ἰησοῦ Χριστοῦ, τοῦ διὰ παντὸς ἡμῶν ζῆν, πίστεώς τε καὶ ἀγάπης, ἧς οὐδὲν προκέκριται, τὸ δὲ κυριώτερον Ἰησοῦ καὶ πατρός. *Ad Magn.* c. 1.
4) *Ad Rom.* Proem. — 5) *Ad Magn.* c. 6.

gesprochen, daß der Christ auch seinem leiblichen Wesen nach in Christus aufgenommen, geweiht und geheiligt wird, daß er also nach Leib und Seele ein heiliger Sprößling aus dem heiligen Stammvater, eine unverwesliche Frucht am Lebensbaume des Kreuzes wird. In Folge dieser leiblich-geistigen Einheit und Wesensverwandtschaft mit Christo wird sofort auch unter den Christen selbst gegenseitig eine besondere leiblich-geistige Gemeinschaft hergestellt, nicht wie sie besteht auf dem Grunde der Natur oder der gleichen natürlichen Abstammung, sondern eine höhere, übernatürliche, wie sie in Kraft der Gnade in der Wiedergeburt vollzogen wird, so daß die Christenheit ein neues, geheiligtes Geschlecht bildet, das, leiblich und geistig geheiligt und von Christo abstammend und Gottes theilhaftig, von der übrigen Menschheit geheimnißvoll geistig und leiblich ausgeschieden und in eine übernatürliche Seins- und Lebenssphäre erhoben ist und so eine für sich bestehende Gemeinschaft bildet, wie der Apostel sagt, Einen Leib, von Einem Geiste beseelt[1]).

Indem aber die Christenheit geheimnißvoller Weise leiblich und geistig aus der übrigen Menschheit ausgeschieden und wesenhaft zu Einem Leibe und Organismus in Christo, zu einem auserwählten Geschlechte Gottes[2]) verbunden ist, muß sie nothwendig auch äußerlich und sichtbar in religiöser Beziehung als eine für sich bestehende, in sich abgeschlossene Gemeinschaft oder religiöse Körperschaft[3]), als sichtbare Kirche sich darstellen. So bildet sich die sichtbare Gemeinde der Heiligen Gottes aus dem inneren Lebensgrunde in Christo, dem Alle eingepflanzt sind, heraus und steht als solche in der Welt da.

Diese sichtbare, corporative Gemeinschaft ist somit einerseits die nothwendige Herausbildung der unsichtbaren inneren Gemeinschaft, anderseits aber auch, wie wir sehen werden, die Bedingung des Eintrittes und des Verbleibens in dieser.

Als solche sichtbare Kirche stellt sich zunächst dar die einzelne Gemeinde. Diese ist nämlich nicht blos innerlich in Glaube und Liebe geeinigt, sondern bildet auch äußerlich eine in sich abgeschlossene Genossenschaft, wie Ignatius sagt, eine leibliche und geistige Einheit. Als der sichtbare Ausdruck und Vermittler dieser Einheit ist der

---

1) Ephes. 4, 4. — 2) 1. Petr. 2, 9.
3) Ein ἴδιον σωμάτιον, wie Ignatius von der Christengemeinde in Antiochien sagt. Ad Smyrn. c. 11.

Bischof aufgestellt¹). In ihm ist die Einheit der Gemeinde verwirklicht; er repräsentirt daher auch die ganze Gemeinde²). Aber er ist nicht blos ihr Repräsentant, er vertritt auch Gottes Stelle der Gemeinde gegenüber. Wer daher mit dem Bischof in Verbindung steht, gehört Gott an. Mit dem Bischof müssen deshalb alle Gemeindemitglieder geeinigt sein³). Diese sichtbare Einheit der Gemeinde zeigt sich zunächst und vorzüglich im gemeinsamen Gottesdienste. Da empfängt sie zugleich auch ihre beständige Nahrung⁴). Deshalb darf Niemand vom Bischof und der Gemeinde sich absondern: Niemand vom gemeinsamen Gottesdienste sich fern halten. Wer sich trennt, geht zu Grunde; wer zum gemeinsamen Gottesdienste sich nicht mehr einfindet, hat ein böses Gewissen und ist durch sich selbst gerichtet⁵).

§. 2.
Die Katholicität, Heiligkeit, Apostolicität und Indefectibilität der Kirche.

Wie der Bischof der sichtbare Repräsentant und Vermittler der Einheit der einzelnen Gemeinden ist, so tritt und steht diese durch ihn auch sichtbar und äußerlich mit der Gesammtkirche im Zusammenhang, und so ergibt sich die Katholicität der Kirche; denn gleichwie jede einzelne Gemeinde eins ist mit ihrem Bischofe, mit ihm ganz „zusammengegossen", so sind alle Bischöfe eins in Christo. In den Bischöfen verwirklicht sich somit ebenso der räumliche Universalismus, wie die corporative Einheit der Kirche; denn sie alle bilden in Christo eine ungetheilte und untheilbare Einheit; es gibt nur Einen Episcopat, wie nur Einen Christus und Einen Gott. Die Einheit Christi und des Vaters ist der Typus und der reale Grund der Einheit des Episcopates.

Das will Ignatius ausdrücken, wenn er an die Ephesier schreibt, sie sollen ganz nach der Willensmeinung und dem Sinne des Bischofs handeln; dann handeln sie auch nach Gott. „Denn," fährt er fort,

---

1) Ὡς ἀνθρώπους εἰς ἕνωσιν κατηρτισμένους. Ad Philad. c. 8. Τῆς ἑνώσεως φροντίζε, ἧς οὐδὲν ἄμεινον, ermahnt Ignatius seinen Mitbischof Polykarp. Ad Polyc. c. 1.
2) Ad Ephes. c. 1 et 2. Magn. c. 2 et 6. Trall. c. 1 et 3.
3) Ad Philad. c. 3. 4. 7. Smyrn. c. 8. 4) Ad Philad. c. 4.
5) Ad Magn. c. 7. cf. Ephes. c. 4. Polyc. c. 6.

„auch Jesus Christus, unser unzertrennliches Leben, ist die Willensmeinung des Vaters, wie auch die Bischöfe, die über die Grenzen der Erde hin gesetzt sind, in der Willensmeinung Jesu Christi sind¹)." Das heißt: Wie Jesus Christus seinem Willen und Wesen nach ganz eins ist mit dem Vater, obgleich von ihm persönlich unterschieden, so sind auch alle Bischöfe, obgleich persönlich und räumlich getrennt nach Gemeinden, in Christo eins, bilden sie in ihm den Einen Episcopat der Kirche, solidarisch gegenseitig in Christo verbunden. Indem aber alle Bischöfe in Christo den Einen Episcopat ausmachen, jede Gemeinde aber mit ihrem Bischofe zu einer corporativen Einheit zusammengewachsen ist, so bilden alle Gemeinden mit einander die Eine über die Grenzen der Erde verbreitete, die allgemeine, die katholische Kirche.

Das Wort „katholische Kirche" kommt bei Ignatius in der christlichen Literatur zum ersten Male vor. Die betreffende Stelle lautet: „Wo also der Bischof erscheint" (zur Feier des Gottesdienstes), „dort sei auch die Gemeinde" (versammelt), „gleichwie wo Christus Jesus, dort die katholische Kirche²)." Man hat die Worte „katholische Kirche" in dem Sinne von „sichtbarer", „wahrer" Kirche zu deuten gesucht; allein diese Auslegung erschöpft den Sinn nicht. Diese Bedeutung faßt die Bezeichnung „katholisch" wohl in sich, sie reicht aber noch darüber hinaus. Der wahre Sinn ist im eben Gesagten bereits angedeutet: er ergibt sich klar aus Ignatius selbst. Er vindicirt ausdrücklich dem Christenthum im Gegensatze gegen den Particularismus des Judenthums den Universalismus nach Raum und Zeit. So wenn er sagt: „Nicht das Christenthum glaubte an das Judenthum, sondern das Judenthum an das Christenthum, auf daß alle Zungen, die glauben, wieder zur Ver-

---

1) Καὶ γὰρ Ἰησοῦς Χριστός, τὸ ἀδιάκριτον ἡμῶν ζῆν, τοῦ πατρὸς ἡ γνώμη, ὡς καὶ ἐπίσκοποι, οἱ κατὰ τὰ πέρατα ὁρισθέντες, ἐν Ἰησοῦ Χριστοῦ γνώμῃ εἰσίν. *Ad Ephes.* c. 3. Diese Stelle kann auch, vielleicht richtiger, gegeben werden: „Die Bischöfe, die nach Grenzen abgegrenzt sind," d. i. von denen jeder für ein abgegrenztes Gebiet, eine Diöcese, aufgestellt ist. Der Sinn ist im Wesentlichen derselbe; denn immerhin ist damit die ideale Einheit des Episcopates und zugleich der räumliche Universalismus der Kirche ausgesprochen.

2) Ὅπου ἂν φανῇ ὁ ἐπίσκοπος, ἐκεῖ τὸ πλῆθος ἔστω· ὥσπερ ὅπου ἂν ᾖ Χριστὸς Ἰησοῦς, ἐκεῖ ἡ καθολικὴ ἐκκλησία. *Ad Smyrn.* c. 8.

einigung mit Gott gebracht werden¹)." Und wieder in der schon angeführten schönen Stelle: „Damit er (Christus) durch seine Auferstehung aufrichte für alle Zeiten die Fahne für seine Heiligen und Gläubigen, sei es unter Juden, sei es unter Heiden, in dem Einen Leibe seiner Kirche²)."

Die Kirche Christi ist die „katholische" heißt also nach dem Sinne des Ignatius: sie ist die Eine für alle Zeiten und alle Menschen gestiftete, welche die Bestimmung hat, alle Gläubigen aus dem Judenthum und Heidenthum in sich aufzunehmen und um die Siegesfahne des Kreuzes zu versammeln.

Nur in dieser Kirche ist Christus; nur diese erfüllt er mit seiner steten Gegenwart, seinem Leben und Wesen; sie allein ist sein Leib. Außer dieser, außer der katholischen Kirche ist Christus nirgends, bei keiner häretischen Versammlung; denn es gibt nur Eine Kirche Christi. Diese seine Kirche aber ist so mit ihm zusammengegossen, wie er mit dem Vater. Wie nun die ganze katholische Kirche so ganz und unauflöslich mit Christo eins ist, daß sie nur in ihm existirt und lebt; so ist auch jede einzelne christliche Gemeinde in ähnlicher Weise mit ihrem Bischof geeinigt. Und gerade hierdurch tritt sie in die Lebensgemeinschaft mit Christo und wird sie selbst seine Kirche im Kleinen, ein Abbild der ganzen Kirche, eine katholische Gemeinde für sich, indem sie an der Katholicität der ganzen Kirche participirt. Wie also alle christlichen Gemeinden um Christum versammelt und mit ihm als dem unsichtbaren Haupte geeinigt, die ganze katholische Kirche bilden, so stellt jede mit ihrem Bischof als dem sichtbaren Stellvertreter Christi geeinigte einzelne Gemeinde die katholische Kirche im Kleinen dar. Deshalb wird auch die einzelne Gemeinde „katholische Kirche" genannt, wie dies schon in der nächstapostolischen Zeit von der Christengemeinde in Smyrna im Martyrium des heil. Polykarp geschehen ist und noch immer geschieht³).

---

1) *Ad Magn.* c. 10. S. oben S. 31. Anm. 3. — 2) *Ad Smyrn.* c. 1. S. oben S. 24. Anm. 4.

3) So heißt Polykarp der „Bischof der katholischen Kirche in Smyrna": Πολύκαρπος, ἐν τοῖς καθ' ἡμᾶς χρόνοις διδασκαλικὸς ἀποστολικὸς καὶ προφητικὸς γενόμενος, ἐπίσκοπός τε τῆς ἐν Σμύρνῃ καθολικῆς ἐκκλησίας. *Martyr. s. Polyc.* c. 16. Aber diese einzelnen katholischen Kirchen sind wieder nur Parochien (Diöcesen) der ganzen, an allen Orten verbreiteten, katholischen Kirche. Das Rundschreiben der katholischen Kirche von Smyrna ist daher gerichtet „an die Kirche Gottes, die in Philomelium pilgert, und an alle Parochien

Wie die Einheit und Katholicität, so bezeugt Ignatius auch die Heiligkeit sowohl der einzelnen, als auch der allgemeinen Kirche. Die Kirche ist von Ewigkeit her prädestinirt zur ewigen Herrlichkeit, gesegnet in der Größe und Fülle Gottes, gesegnet in der Gnade Gottes des Vaters und Jesu Christi, unseres Heilandes; sie ist die heilige Kirche, die auserwählte und Gottes würdige, geschmückt mit dem Namen Christi und des Vaters, würdig heilig, würdig der Seligpreisung, die mit der Gnade des Vaters und Jesu Christi ganz erfüllt ist, die Kirche Gottes des Vaters und des geliebten Jesu Christi, die in seiner Erbarmung jede Gnadengabe erlangt hat, erfüllt ist mit Glaube und Liebe, keiner Gnadengabe ermangelt, die daher auch, weil sie selbst heilig und Gnadenkräfte und Gaben zur Heiligung der Menschheit im Besitze hat und spendet, fruchtbar an Heiligen, eine fruchtbare Mutter von Heiligen (ἁγιοφόρος) wird [1]).

Die Glieder der Kirche participiren an dieser Heiligkeit der Kirche. Deshalb nennt sie Ignatius Heilige und Gläubige, Wiederbelebte im Blute Christi, geistige Menschen (πνευματικοί), deren Werke ebenfalls vergeistigt sind, die unverwesliche Früchte hervorbringen, eine Pflanzung des Vaters, Gottesläufer, einen geistigen Gottesbau, Wegegefährten in den Himmel, Gottesträger, Tempelträger, Heiligthumsträger, allerseits geschmückt mit den Geboten Jesu Christi [2]).

Aus demselben Grunde, weßhalb die Kirche heilig, nämlich vermöge ihrer realen Lebensverbindung mit Christo, ist sie auch apostolisch. Diese Eigenschaft kommt der Kirche überhaupt und jeder einzelnen Gemeinde zu, weil sie als Kirche Christi so gestaltet ist, wie er sie gestiftet hat, das heißt, wie sie war, als er selbst noch auf Erden weilte. Damals war er selbst das sichtbare Haupt der auserwählten, um ihn versammelten Gemeinde Gottes: die Apostel bildeten seine Räthe, das „Rathscollegium Gottes". Das ist die Grundform der Kirche, ihr Urtypus, den sie zu aller Zeit an sich aufweisen muß.

Diesen Grundtypus weist jede katholische Kirche an sich auf: denn an der Stelle Christi steht in ihr der Bischof als sichtbares Haupt der Gemeinde; er vertritt die Person Christi. Das Apostelcollegium repräsentirt die Priesterschaft, als die Rathsversammlung

der heiligen und katholischen Kirche allerwärts" (καὶ κατὰ τὰς κατὰ πάντα τόπον τῆς ἁγίας καὶ καθολικῆς ἐκκλησίας παροικίας.) l. c.
1) *Ad Smyrn.* Proem. cf. Proem. ad *Ephes. Magn. Trall. Rom.*
2) *Ad Ephes.* c. 8. et 9. S. unt. Kap. 6. §. 3.

des Bischofs und Gottes, und die Diakonen als eine ebenfalls göttliche Institution in der Kirche¹). In demselben Verhältnisse, in welchem die Apostel zu Christo gestanden, stehen jetzt die Priester zum Bischof, und so stellt jede katholische Christengemeinde mit ihrem Bischof, ihren Priestern und Diakonen das Urbild der Kirche, es real nachbildend, an sich dar: und so erscheint die Kirche als die apostolische, weil in ihr der Urtypus der Kirche, den sie zur Zeit Christi und der Apostel hatte, also die apostolische Urkirche verwirklicht ist, weil sie zu jeder Zeit als nichts Anderes, denn als die reale Fortbildung und Entwickelung der Urkirche sich darstellt.

Ignatius nennt dies Verhältniß der Apostel zu Christo, diese Grundform der Kirche für alle Zeiten ihres Bestehens „das Vorbild, den Typus und die Lehre der Unverweslichkeit²)." Er spricht damit eine andere Eigenthümlichkeit der Kirche Christi aus, nämlich ihre Indefectibilität oder Unvergänglichkeit. Als der Kirche Christi kommt ihr diese Eigenschaft nothwendig zu.

Schon das Judenthum participirte als vorbereitende göttliche Heilsinstitution an dieser Unvergänglichkeit; es war der göttliche Sauerteig zur Bewahrung des Gotteslebens in der Welt, bis seine Zeit um war. „Die Kirche aber ist," wie Ignatius sich ausdrückt, „die Vollendung der Unverweslichkeit³)," die absolute Unvergänglichkeit und Unverweslichkeit. Das will nicht blos sagen, sie ist von unvergänglicher, ewiger Dauer, sondern auch von unvergänglicher, ewiges Leben aus sich zeugender und wirkender Kraft. Sie ist aber unvergänglich und unverweslich, weil sie der Leib Christi ist.

---

1) *Ad Magn.* c. 6. S. unt. Kap. 4. §§. 1 u. 2.

2) Ἑνώθητε τῷ ἐπισκόπῳ καὶ τοῖς προκαθημένοις εἰς τύπον καὶ διδαχὴν ἀφθαρσίας. *Ad Magn.* c. 6. Ign. will damit nichts Anderes sagen, als: Die Einheit der Gläubigen mit dem Bischof und den übrigen Vorstehern ist das **Abbild der apostolischen Kirche**, d. i. sie entspricht der Grundform der Kirche, die ihr Christus lehrmäßig und durch die That gegeben hat. Die ἀφθαρσία bezeichnet das Christenthum in seiner wesenhaften Unvergänglichkeit. Τύπος ist die Kirche, wie sie Christus thatsächlich gestiftet hat, wie sie war, als er selbst ihr sichtbares Haupt war. Διδαχή bezeichnet die Lehre des Herrn über das Wesen und die Grundform der Kirche. Beide Ausdrücke: τύπος καὶ διδαχή, an sich eins und dasselbe bezeichnend, verhalten sich wie **Wort und That**, wie Lehre und deren thatsächliche Verwirklichung. Dieser Urtypus ist verwirklicht, weil der Bischof Vorsteher ist εἰς τύπον Θεοῦ, und die Priester εἰς τύπον συνεδρίου τῶν ἀποστόλων. *Ad Magn.* c. 6.

3) *Ad Philad.* c. 9. S. oben S. 31. Anm. 2.

weil sie sein Leben und Wesen, also göttliche, dem Tode und der Verwesung nicht zugängliche Kräfte in sich trägt. Ignatius spricht diesen Gedanken noch einmal in anderer Weise mit den schönen Worten aus: „**Darum empfing der Herr die Myrrhensalbe auf sein Haupt, damit er der Kirche Unverweslichkeit einhauche** ¹).“ Diese Worte deuten auf die Salbung, die der Herr im Hause des Lazarus empfing und selbst auf seinen Tod und sein Begräbniß bezog ²), und wollen sagen, daß aus seinem Opfertod am Kreuze das unsterbliche und unverwelkliche Leben der Kirche stets zuströme.

Die Kirche trägt somit ein neues Leben voll unverwelklicher Blüthen und unvergänglicher Kraft in sich; denn Christus lebt in ihr; er hat sie in sich, in sein Leben und Wesen aufgenommen, um mit diesem unsterblichen Leben die Menschen zu erfüllen. Sie ist darum selbst unvergänglich, unzerstörbar, eine Region voll des unsterblichen, ewigen Lebens, das neue, geistige Paradies, in dem die wiedergeborenen Kinder Gottes dieses unverwelkliche, ewige Leben haben und als immerblühende Lebensbäume unvergängliche Früchte tragen.

§. 3.
Die Grundform der Verfassung der Kirche.

In der bisherigen Darstellung der Lehre des Ignatius von der Kirche sind bereits die Grundformen angegeben worden, welche diese als Kirche Christi haben muß. Er hat aber diesen Lehrpunkt so allseitig in's Licht gestellt, auch ist sein Zeugniß gerade in dieser Beziehung von so großartiger Bedeutung, daß es angezeigt erscheint, näher darauf einzugehen.

Wie eben dargethan, wurde der Grundtypus der Kirchenverfassung bei der Stiftung der Kirche in der Urkirche gegeben. Christus der Gottmensch war ihr sichtbares Haupt; ihn umgaben als Rathscollegium oder Senat Gottes die Apostel, denen er seine Sendung und Gewalt zur Fortsetzung seines Erlösungswerkes übertragen hat. So war die Kirche vom ersten Augenblicke ihres Ursprungs an organisirt. Das ist ihre Grundform; so muß sie bleiben, wenn sie nicht ihre wesentliche Form ändern, wenn sie als die Kirche Christi nicht aufhören soll. Diesen ihren für alle Zeit bestehenden Grundtypus nun bewahrt sie durch die fortdauernde Stellvertretung oder die ununterbrochene

---

1) Διὰ τοῦτο μύρον ἔλαβεν ἐπὶ τῆς κεφαλῆς αὐτοῦ ὁ κύριος, ἵνα πνέῃ τῇ ἐκκλησίᾳ ἀφθαρσίαν. Ad Ephes. c. 17.
2) Matth. 26, 6—13.

Succession von bevollmächtigten Persönlichkeiten und Gewaltträgern, die kraft der ursprünglichen Anordnung sowohl in die Stelle Jesu Christi als sichtbare Häupter, als auch in die Stellen der Apostel als deren Gehilfen eintreten.

Auf diese Weise muß jetzt noch jede christliche Gemeinde nach dem Urtypus der apostolischen Kirche formirt sein und ist es auch wirklich. An Christi Statt leitet sie der Bischof als sichtbares Haupt, an der Stelle der Apostel umgibt ihn nach Gottes Anordnung das Collegium der Priester als zweite, und die Diakonen als dritte hierarchische Rangordnung. Ignatius spricht diese kirchliche Grundform mit den Worten aus: „**Der Bischof habe den Vorsitz an Gottes Statt, und die Priester sollen einnehmen die Stelle der Rathsversammlung der Apostel, und die Diakonen, die mir so theuer sind, denen anvertraut ist der Dienst Jesu Christi, der vor der Zeit bei dem Vater war und am Ende erschienen ist**[1])." Und an die Gemeinde in Tralles: „**Alle sollen die Diakonen achten wie Jesum Christum, und den Bischof wie den Sohn des Vaters, und die Presbyter wie den Senat Gottes und die Rathsversammlung der Apostel. Ohne diese kann von einer Kirche keine Rede sein.** Darüber seid ihr, wie ich überzeugt bin, derselben Meinung[2])."

---

[1] Ἐν ὁμονοίᾳ Θεοῦ σπουδάζετε πάντα πράσσειν, προκαθημένου τοῦ ἐπισκόπου εἰς τόπον Θεοῦ, καὶ τῶν πρεσβυτέρων εἰς τόπον συνεδρίου τῶν ἀποστόλων, καὶ τῶν διακόνων, τῶν ἐμοὶ γλυκυτάτων, πεπιστευμένων διακονίαν Ἰησοῦ Χριστοῦ. *Ad Magn. c. 6. Philad. c. 4. 7. 10. Smyrn. c. 8.*

[2] Ὁμοίως πάντες ἐντρεπέσθωσαν τοὺς διακόνους ὡς Ἰησοῦν Χριστόν, καὶ τὸν ἐπίσκοπον ὡς ὄντα υἱὸν τοῦ πατρός, τοὺς δὲ πρεσβυτέρους ὡς συνέδριον Θεοῦ καὶ ὡς σύνδεσμον ἀποστόλων. Χωρὶς τούτων ἐκκλησία οὐ καλεῖται. Περὶ ὧν πέπεισμαι ὑμᾶς οὕτως ἔχειν. *Ad Trall. c. 3.* Der Text ist dadurch richtig gestellt, daß das ὡς statt vor καὶ vor Ἰησοῦς gesetzt worden ist. Der Sinn ist: „Die Diakonen vertreten in ihren kirchlichen Functionen Jesum Christum und sind daher wie er selbst zu achten." Da aber mit καὶ τὸν ἐπίσκοπον ὡς ὄντα κ. τ. λ. eine Steigerung angezeigt ist, so kommt zu ὡς Ἰησοῦν Χριστόν hinzuzudenken κατὰ σάρκα, wie ausdrücklich steht *Magn. c. 13.* Die Vergleichung ist nun vollkommen richtig: „Die Diakonen soll man ehren, wie Jesum Christum als Menschensohn, da sie seinen Dienst versehen (Magn. c. 6. Trall. c. 2. Smyrn. c. 12), den Bischof wie Christum als Sohn Gottes oder wie den Vater selbst, und die Presbyter als die Rathsversammlung Gottes." Das ist die hierarchische Ordnung ihrem Urbilde gemäß. S. „Briefe des hl. Jgn.

Episkopat, Presbyterat und Diakonat sind somit die drei Stufen der göttlich instituirten Hierarchie, in denen die Grundform der Kirche verwirklicht ist. Sie constituiren die Kirche. Das ist die Grundlage, die der Gottmensch bei ihrer Stiftung seiner Kirche gegeben hat. „Einen andern Grund aber kann Niemand legen¹)." Wie die Kirche uranfänglich grundgelegt worden, so muß sie bleiben. Wer die ursprüngliche hierarchische Ordnung aufheben, die Kirche Christi anders organisiren wollte, würde sie als Kirche Christi aufheben und zerstören. Diese drei hierarchischen Aemter und Stände machen die Bekenner Christi zur Kirche. Ohne sie kann von einer Kirche nicht die Rede sein. Das ist ein Fundamentalsatz des christlichen Glaubens, in Betreff dessen allgemeine Uebereinstimmung der Ansichten bestehen muß.

Also nicht die Gemeinde als eine größere oder kleinere Zahl von gläubigen Christen constituirt die Kirche oder ist das Primäre und Normbildende, sondern im Gegentheil ist sie gebildet und constituirt durch das kirchliche Vorsteherthum. Wo ein solches nicht besteht, da existirt auch keine kirchliche Gemeinde, keine Kirche Christi. Es mag dort mehr oder minder viele Gläubige geben, aber sie bilden keine Kirche, sie sind nur ein formloser Hause.

Nach der Auffassung und Lehre des Ignatius gestaltete sich also die kirchliche Verfassung nicht erst aus der Gemeinde heraus, ist das kirchliche Vorsteherthum nicht aus der Gemeinde als nothwendige Gemeindevertretung hervorgegangen, sondern im Gegentheil bildete das kirchliche Vorsteherthum vom Anfange an die Voraussetzung und Grundlage des christlichen Gemeinschaftslebens, das Ursprüngliche und Normgebende, das das Gemeindeleben formirte, zusammenhielt und regelte. Das kirchliche Vorsteherthum ist daher keine bloße Repräsentation oder stellvertretende Function im Auftrage der Gemeinde, sondern die sichtbare, autorisirte Stellvertretung Gottes, die darum von

---

S. 98. Die hier gemachte Unterscheidung zwischen Menschensohn und Gottessohn ist offenbar zulässig. Auf dieser Unterscheidung beruht ja die ganze biblische und theologische Christologie. Auch macht sie Ignatius an der eben angezogenen Stelle, wo er selbst κατὰ σάρκα beifügt. S. auch *Magn*. c. 1. ob. S. 6. Auch folgt daraus keineswegs, daß die Diakonen deshalb höher zu ehren seien als die Priester, da ihnen zwar „der Dienst Jesu Christi anvertraut ist" (Magn. c. 6), aber in denjenigen Functionen, welche den priesterlichen untergeordnet sind.

1) 1. Kor. 3, 11.

den Gemeindegliedern als Trägerin einer besondern geistlichen, von Christo ausgehenden und ihr überkommenen Gewalt anzusehen und wie Christus und die Apostel zu achten ist. Ignatius ist also weit entfernt, das kirchliche Vorsteheramt als ein Gemeinde= amt anzusehen. Er sieht vielmehr in demselben ein wirkliches Kirchenamt, weil eine persönliche Stellvertretung Gottes, der die Träger desselben mit besonderen Gewalten ausgestattet hat zur Unterweisung, Heiligung und Leitung der gläubigen Gemeinde an seiner Statt.

Aus diesem Grunde ist auch die Berufung und Anstellung der kirchlichen Vorsteher nicht eigentlich Sache der Gemeinde, sondern ein Werk Gottes. Der Bischof ist zwar bestellt für die Gemeinde aber nicht von der Gemeinde [1]. Ignatius spricht sich darüber im Gruß an die Philadelphier aus. Da preist er sie, daß sie sind eine ewige und unwandelbare Freude, fügt aber bei, „besonders dann, wenn sie eins sind mit dem Bischof und mit den mit ihm vereinigten Prie= stern und den Diakonen, **die nach der Meinung Jesu Christi als solche designirt worden sind, die er kraft seines eigenen Willens bestätigt hat in ihrer Autorität**" (d. i. die er in ihr Amt bleibend eingesetzt und mit seiner Gewalt ausge= rüstet hat) „**durch seinen heiligen Geist** [2]."

Die Designation, die Bezeichnung der Person erfolgte damals unter Vermittlung der Gemeinde durch Wahl, aber wie Ignatius sagt, nach der Willensmeinung Jesu Christi. Die Uebertragung der kirchlichen Gewalt aber oder die wirkliche Einsetzung in das kirchliche Amt geschieht kraft des unmittelbaren Willens Christi durch den

---

1) Ὃν ἐπίσκοπον ἔγνων, οὐκ ἀφ' ἑαυτοῦ, οὐδὲ δι' ἀνθρώπων κεκ- τῆσθαι τὴν διακονίαν, τὴν εἰς τὸ κοινὸν ἀνήκουσαν, οὐδὲ κατὰ κενοδοξίαν, ἀλλ' ἐν ἀγάπῃ Θεοῦ πατρὸς καὶ κυρίου Ἰησοῦ Χριστοῦ. *Ad Philad. c. 1.*

2) Ἥτις (sc. ἐκκλησία ἐν Φιλαδελφίᾳ) ἐστιν χαρὰ αἰώνιος καὶ παράμονος, μάλιστα ἐὰν ἐν ἑνὶ ὦσιν σὺν τῷ ἐπισκόπῳ καὶ τοῖς σὺν αὐτῷ πρεσβυτέροις καὶ διακόνοις, ἀποδεδειγμένοις ἐν γνώμῃ Ἰησοῦ Χριστοῦ, οὓς κατὰ τὸ ἴδιον θέλημα ἐστήριξεν ἐν βεβαιωσύνῃ τῷ ἁγίῳ αὐτοῦ πνεύματι. *Ad Philad.* Proem. Βεβαιωσύνη, confirmatio, ist hier die göttliche, durch den heiligen Geist geschehene Bestätigung im geistlichen Amte oder der dauernde Besitz (ἐστήριξεν) der kirchlichen Gewalt, die Autorität (*Smyrn.* c. 8.). Diese Stelle ist sehr wichtig, sogar die noch jetzt als termini technici üblichen Aus= drücke: *designatio personae* (ἀποδεδειγμένοις) und *confirmatio* (ἐστήριξεν ἐν βεβαιωσύνῃ), finden sich in ihr schon.

heiligen Geist, das ist durch die Ordination[1]), die vollzogen wird ohne alle Vermittlung von Seite des Volkes. Und dies behauptet Ignatius, ohne daß er der sittlichen Würdigkeit der Priester und Diakonen mit einer Silbe Erwähnung thut. Vom Bischof von Philadelphia sagt er dann noch ausdrücklich, er habe ihn kennen gelernt als einen solchen, der nicht von sich selbst, nicht durch Menschen zu seinem Amte gelangt sei, auch nicht aus eitler Ruhmbegierde, sondern in der Liebe Gottes des Vaters und des Herrn Jesu Christi.

Weil die kirchlichen Vorsteher Gottes Gewaltträger und Stellvertreter sind, die er als solche berufen und eingesetzt hat, so müssen sie auch als solche von Allen angesehen und geehrt werden. Nichts wiederholt Ignatius öfter, als die Ermahnungen an die Gläubigen, es ja an dieser Ehrfurcht und Unterwürfigkeit nicht fehlen zu lassen. „Als ich in Euerer Mitte war," erinnert er die Philadelphier. „rief ich mit lauter Stimme: „Haltet es mit dem Bischof und der Priesterschaft und den Diakonen[2])." „Folget Alle dem Bischof, wie Jesus Christus dem Vater, und dem Priestercollegium, wie den Aposteln; die Diakonen achtet, wie ein Gesetz Gottes[3])."

Auch diese Ehrfurcht und Unterwürfigkeit, die man den kirchlichen Vorstehern schuldet, ist nirgends von der sittlichen Würdigkeit der kirchlichen Vorsteher abhängig gemacht. Ignatius schreibt zwar nur an Kirchen, deren Bischöfe er persönlich als sehr würdige Männer kennen gelernt hat, und es fehlt nicht an Aufforderungen an die Gemeinden derselben, sie wegen ihrer Würdigkeit um so mehr zu lieben, ihnen um so williger zu gehorchen[4]); auch fehlt es nicht an Mahnungen an die Presbyter und Diakonen, der Würde ihrer Stellung gemäß sich zu verhalten; aber alle diese Momente treten zurück vor dem Amte als solchem. Es ist der Bischof vermöge seiner amtlichen Stellung zu ehren, und ebenso der Priester und Diakon. Der „Gottesträger" macht keinen Unterschied zwischen ihm bekannten würdigen und unbekannten Bischöfen. Er weiß, daß alle Bischöfe, die über die Grenze der Erde hin gesetzt sind, in der Willensmeinung Jesu Christi sind. Ihm ist der Bischof als solcher Träger einer göttlichen Gewalt und Stellvertreter Christi, dem deshalb unbedingt, ohne Rücksicht auf seine Persönlichkeit, auf sein Alter und seine sittliche Würdigkeit

---

1) S. unt. Kap. 5. §. 3. — 2) *Ad Philad.* c. 7. — 3) *Ad Smyrn.* c. 8. — 4) *Ad Ephes.* c. 1 et 5.

Ehrfurcht und Gehorsam zu bezeigen ist. Es besteht insofern unter
ihnen kein Unterschied. „Denn einen Jeden, den der Haus=
vater zur Verwaltung seines Hauswesens abordnet,
müssen wir so aufnehmen, wie ihn selbst, der ihn
sendet¹)."

Viertes Kapitel.
Die Verfassung der Kirche.

§. 1.
Das Amt und die Pflichten des Bischofs.

Wie Ignatius die Verfassung der Kirche darstellt, so tritt sie
uns aus der Geschichte entgegen; so stellt sie sich in der katholischen
Kirche vom Anfange an und in allen Jahrhunderten thatsächlich dar.
Die Gemeinden, an die Ignatius schreibt, besitzen diese Organisation,
einen Bischof an ihrer Spitze, der von Priestern und Diakonen um=
geben ist, als etwas Ursprüngliches und Selbstverständliches. Ignatius
findet sie überall schon vor als eine zu Recht bestehende kirchliche Ord=
nung und schärft nur ein, daß sie als eine göttliche Anordnung
anzusehen und zu respectiren sei. Diese Verfassung der Kirche ist
somit so alt, wie die Kirche selbst.

Der Bischof steht an der Spitze der Gemeinde als ihr eigent=
licher Hirt, mit einer höheren Autorität von Gott betraut, als die
Presbyter. Ohne den Bischof ist die Gemeinde verwaist. Nirgends
zeigt sich in der alten Kirche eine Spur, daß der Episkopat aus dem
Presbyterate sich heraus entwickelt habe, oder ist ein Ereigniß bekannt,
das diese Entwickelung veranlaßt hätte. Und vom Anfange an wur=
den die kirchlichen Vorsteher als die Inhaber göttlicher Aemter und
als Stellvertreter Gottes betrachtet, die im Auftrage des Herrn ihr
Amt verwalten, nicht im Namen der Gemeinde.

Dies wird sich noch klarer herausstellen, wenn wir die Aus-

---

1) Πάντα γάρ, ὃν πέμπει ὁ οἰκοδεσπότης εἰς ἰδίαν οἰκονο
μίαν, οὕτως δεῖ ἡμᾶς αὐτὸν δέχεσθαι, ὡς αὐτὸν τὸν πέμψαντα.
Ad Ephes. c. 6.

sprüche unseres Apostelschülers über die drei kirchlichen Aemter besonders zusammenstellen. Beginnen wir mit dem Amte des Bischofs. Der Bischof ist der sichtbare Stellvertreter Gottes des Vaters und Jesu Christi, das sichtbare Haupt der Gemeinde. Er ist vom Vater, dem Bischofe Aller, unmittelbar gesetzt. Der Bischof von Philadelphia „hat sein Bischofsamt zur Leitung der ganzen Gemeinde durch die Liebe des Vaters und Jesu Christi[1]." Der Bischof ist mit der Gewalt Gottes des Vaters betraut; denn der Vater sendet ihn als seinen Haushalter in sein Hauswesen. „Es ist daher klar, daß er wie der Herr selbst anzusehen sei[2]."

Diese Ehrfurcht gebührt ihm, auch wenn er noch jugendlichen Alters ist[3], auch wenn er schweigt[4], weil er der Träger der Gewalt Gottes des Vaters. Dem Bischof muß man daher einen so vollkommenen Gehorsam erweisen, wie Jesus Christus dem Vater gehorsam war, und eine eben so große Ehrfurcht; so ist es des Vaters Wille und Gebot[5]. Man muß dem Bischof gehorsam sein als einer Gnade Gottes[6], wie einem Gebote Gottes[7], wie Jesu Christo[8]. Wer ihm so gehorcht, der lebt nach Jesum Christum, der gehorcht Gott; wer ihn ehrt, der ehrt Gott den Vater selbst und wird von Gott wieder geehrt[9]. Wer ihn hintergeht in Heuchelei, „der hintergeht nicht den sichtbaren Bischof, sondern den unsichtbaren sucht er zu täuschen." „Wer so handelt, der hat sich nicht vor einem Menschen darüber zu verantworten, sondern vor Gott, der auch das Unsichtbare weiß[10]."

Weil der Bischof Gottes sichtbarer Stellvertreter, so gibt die kirchliche Verbindung mit dem Bischof die Einigung mit Gott. „Denn Alle, die Gott und Jesu Christo angehören, hal-

---

1) *Ad Philad.* c. 1. — 2) Τὸν οὖν ἐπίσκοπον δῆλον ὅτι ὡς αὐτὸν τὸν κύριον δεῖ προσβλέπειν. *Ad Ephes.* c. 6. — 3) *Ad Magn.* c. 3. — 4) Καὶ ὅσον βλέπει τις σιγῶντα ἐπίσκοπον, πλειόνως αὐτὸν φοβείσθω. *Ad Ephes.* c. 6. Ignatius hat hier den Fall im Auge, daß Einer gegen die kirchliche Ordnung sich vergeht, ohne daß der Bischof dies sogleich rügt. Dieses Schweigen soll jener nicht als eine Billigung, sondern vielmehr als Betrübniß und Schonung ansehen, und es soll dies die Ehrfurcht des Fehlenden vor dem Bischof nur noch erhöhen. S. „Briefe des heil. Ign." S. 45.
5) *Ad Magn.* c. 3. *Ephes.* c. 6. — 6) *Ad Magn.* c. 2. — 7) *Ad Trall.* c. 13.
8) Ὅταν γὰρ τῷ ἐπισκόπῳ ὑποτάσσησθε ὡς Ἰησοῦ Χριστῷ, φαίνεσθέ μοι οὐ κατὰ ἄνθρωπον ζῶντες, ἀλλὰ κατὰ Ἰησοῦν Χριστόν. *Ad Trall.* c. 2.
9) *Ad Smyrn.* c. 9. — 10) *Ad Magn.* c. 3. *Trall.* 3 et 13.

ten es mit dem Bischof¹); und wer sich zur Einheit mit der Kirche und mit dem Bischof bekehrt, der tritt auch wieder in die Lebensgemeinschaft mit Gott; dem Bischof gehorsam, wird er ein Nachahmer Gottes und Jesu Christi und führt er ein Leben nach Gott²). Innerliche Gemeinschaft mit Gott in Glauben und Liebe und äußerliche mit dem Bischof in Gehorsam und Ehrfurcht bedingen und begründen sich also wechselseitig.

Als Stellvertreter Gottes ist der Bischof das Organ der göttlichen Leitung der Gemeinde, der Verkünder der göttlichen Lehre, der Vollstrecker des göttlichen Gesetzes und der Verwalter der göttlichen Gnaden und Geheimnisse. Seinem Worte muß man glauben, seinen Weisungen und Anordnungen unbedingt Folge leisten. Wer in einer anderen Lehrmeinung wandelt, hat an der Erlösung keinen Antheil³). Wer sich ihm widersetzt, hat ein böses Gewissen, ist vom stolzen Geiste beseelt, innerlich unrein, durch sich selbst verurtheilt, sein Antheil ist das unauslöschliche Feuer⁴).

Zur Feier des Gottesdienstes muß darum die Gemeinde sich dort versammeln, wo der Bischof erscheint. „Wo der Bischof erscheint, dort sei auch die Gemeinde versammelt⁵). Wenn die Gemeinde um den Bischof geeinigt ist, dann ist ihre Versammlung Gott wohlgefällig, wird ihr Lobgesang ein Loblied des Herrn zum Preise des Vaters und Jesu Christi; dann erscheinen sie als Glieder seines Sohnes und findet ihr Gebet sichere Erhörung; „denn wenn das Gebet des Einen und Andern so viel Kraft hat, um wie viel mehr das Gebet des Bischofs und der ganzen Gemeinde⁶)."

Weil der Bischof der vom Vater bestellte Verwalter ist über das ganze Hauswesen Gottes, d. i. die Kirche und Alles, was zur Kirche gehört, über das Ganze des liturgischen Dienstes, die Feier des Gottesdienstes, die Spendung und den Empfang der Sacramente, so darf ohne sein Wissen, ohne seine Zustimmung und Bevollmächtigung von allem dem, was zum kirchlichen Dienste gehört, nichts geschehen; so ist jede solche kirchliche Handlung, die im Widerspruch mit ihm gethan

---

1) Ὅσα γὰρ θεὸς ἴσου καὶ Ἰησοῦ Χριστοῦ, οὕτω μετὰ τοῦ ἐπισκόπου ὄντες. Ad Philad. c. 3.
2) Ad Polyc. c. 6. Trall. c. 2.
3) Ad Philad. c. 3. Polyc. c. 6. Trall. c. 1 et 2.
4) Ad Ephes. c. 16. Philad. c. 3.
5) Ὅπου ἂν φανῇ ὁ ἐπίσκοπος, ἐκεῖ τὸ πλῆθος ἔστω. Ad Smyrn. c. 8.
6) Ad Ephes. c. 4 et 5.

wird, entweder geradezu ungiltig, indem es dem Vollzieher an der nöthigen Vollmacht fehlt, oder sacrilegisch, indem er in Auflehnung gegen die von Gott gesetzte Autorität die Geheimnisse Gottes mißbraucht. In Rücksicht darauf ermahnt Ignatius dringend und wiederholt, ohne die kirchliche Vorsteherschaft ja nichts in kirchlichen und gottesdienstlichen Dingen zu unternehmen. „Keiner nehme etwas vor ohne Bischof," d. i. im Ungehorsam gegen ihn, ohne sein Wissen, „in den Dingen, welche zur Kirche gehören. Jene Eucharistie werde für die rechte und giltige gehalten, die unter der Hand des Bischofs vollzogen wird, oder desjenigen, den er dazu beauftragt¹)." „Es ist nicht erlaubt, ohne den Bischof zu taufen noch die Liebesmahle zu halten, sondern was er billigt (approbirt), das ist Gott wohlgefällig" (dazu gibt auch Gott seine mitwirkende Zustimmung), „damit Alles, was gethan wird, rechtmäßig und wirksam sei (heilswirkende Kraft habe)²)." Zur erlaubten und giltigen Vornahme liturgischer Acte und selbst solcher, zu deren giltigen Verrichtung, wie zur Spendung der Taufe und zur Bereitung der Liebesmahle, obgleich auch diese schon damals von den Diakonen besorgt wurden, an sich auch die Laien befähigt sind, bedarf es wenigstens der Erlaubniß, in anderen Fällen der Bevollmächtigung von Seite des Bischofs. Daher verlangt Ignatius auch, daß „Braut und Bräutigam mit Zustimmung des Bischofs die Verbindung schließen, damit die Ehe nach Gott sei und nicht aus Fleischeslust. Alles geschehe zur Ehre Gottes³)."

Nur dann wirkt Gott also wohlgefällig mit, und werden die liturgischen Handlungen Gnadenacte Gottes zur Vermittlung des Gnadenlebens, wird der gemeinsame Gottesdienst eine stets strömende Quelle, die sich unsichtbar in die Gemeinde ergießt, wenn sie mit Zustimmung und Approbation des Bischofs vollzogen werden. Im entgegenge-

---

1) Πάντες τῷ ἐπισκόπῳ ἀκολουθεῖτε, ὡς Ἰησοῦς Χριστὸς τῷ πατρί· καὶ τῷ πρεσβυτερίῳ ὡς τοῖς ἀποστόλοις· τοὺς διακόνους ἐντρέπεσθε ὡς θεοῦ ἐντολήν. Μηδεὶς χωρὶς τοῦ ἐπισκόπου τι πρασσέτω τῶν ἀνηκόντων εἰς τὴν ἐκκλησίαν. Ἐκείνη βεβαία εὐχαριστία ἡγείσθω, ἡ ὑπὸ τὸν ἐπίσκοπον οὖσα ἢ ᾧ ἂν αὐτὸς ἐπιτρέψῃ. Ad Smyrn. c. 8.

2) Οὐκ ἐξὸν ἐστιν χωρὶς τοῦ ἐπισκόπου οὔτε βαπτίζειν οὔτε ἀγάπην ποιεῖν ἀλλ' ὃ ἂν ἐκεῖνος δοκιμάσῃ, τοῦτο καὶ τῷ θεῷ εὐάρεστον, ἵνα ἀσφαλὲς ᾖ καὶ βέβαιον πᾶν, ὃ πράσσεται. L. c.

3) Ad Polyc. c. 7. S. unt. 5. Kap. §. 3.

jetzten Falle verwandelt sich der göttliche Segen in Fluch und Verderben, der Gottesdienst in Teufelsdienst — ein Wort, das Ignatius selbst ausspricht, wenn er schreibt: „Wer ohne Wissen des Bischofs etwas vornimmt, der leistet dem Teufel einen Cultus¹)."

Die Auffassung des Ignatius ist klar, seine Folgerung richtig. Gott hat in die Hand des Bischofs als seines sichtbaren Stellvertreters alle kirchlichen Gnadenmittel niedergelegt, ihn zum Sachwalter über seinen Haushalt in der Kirche gesetzt. Nur aus des Bischofs Hand oder mit seinem Wissen kann man sie somit rechtmäßig empfangen. Wer sich dieselben gegen dessen Willen aneignet, der handelt wie ein Räuber im Hause Gottes und am göttlichen Haushalte; sein Unternehmen ist gottesräuberisch, an dem der Satan sein Wohlgefallen hat. Nur der Bischof oder sein Stellvertreter kann und darf daher den heiligen Dienst im Gotteshause besorgen. Wer diese Ordnung Gottes in seiner Kirche nicht respectirt, der tritt als ein Widersacher Gottes, als ein Diener des Satans auf. Ein solcher Gottesdienst wird zum Teufelsdienst.

So steht denn der Bischof als Stellvertreter Gottes in der Mitte seiner Gemeinde mit göttlichen Gewalten betraut, zur Verwaltung des göttlichen Haushaltes und zur Leitung der Gemeinde des Herrn.

Aber so erhaben seine Stellung und groß seine Gewalt, so schwer ist auch seine Aufgabe und verantwortungsvoll sein Amt. Ignatius handelt davon in seinem Briefe an Polykarp. Es sind überaus schöne und beherzigenswerthe Worte, die er da an seinen Freund und viel jüngeren Amtsgenossen richtet, um diesen großen und heiligen Bischof zu noch eifrigerer und vollkommenerer Berufserfüllung zu begeistern. Sie enthalten in wenigen großen Zügen eine ganze Pastoralanweisung.

Als Grundgesetz seiner ganzen Amtsführung schreibt er ihm vor: „Nichts geschehe ohne deine Zustimmung, du aber thue Nichts ohne Gott²)." Seine gesammte Thätigkeit soll die Voll-

---

1) Ὁ τιμῶν ἐπίσκοπον ὑπὸ Θεοῦ τετίμηται· ὁ λάθρα ἐπισκόπου τι πράσσων τῷ διαβόλῳ λατρεύει. Ad Smyrn. c. 9. Mit Absicht ist hier λατρεύει gebraucht, das eine „gottesdienstliche Verehrung" bedeutet.

2) Μηδὲν ἄνευ γνώμης σου γινέσθω, μηδὲ σὺ ἄνευ Θεοῦ τι πρᾶττε. Ad Polyc. c. 4.

ziehung des Willens des Vaters sein und so eine Nachahmung Jesu Christi werden, der Nichts ohne den Vater gethan hat. Wie ein guter Hirt soll er auf dem Wege zum Himmel vorangehen und Alle zur Nachfolge mahnen, damit sie gerettet werden. Seinen Posten muß er mit Eifer versehen in aller leiblichen und geistigen Sorgfalt. Vor Allem hat er für die kirchliche Einheit Sorge zu tragen; denn dazu ist er aufgestellt und etwas Besseres als sie gibt es nicht[1]). Die Einigkeit ist die Grundbedingung des kirchlichen Gemeinschaftslebens und der Einheit mit Gott. Wo Einheit ist, da ist Gott, die Spaltung ist der Anfang alles Verderbens[2]). Dem Bischof obliegt die Sorge für Alle und jeden Einzelnen. „Nimm dich Aller hilfreich an," ermahnt unser Heiliger seinen Mitbischof, „wie auch deiner der Herr. Alle ertrage in Liebe, wie du ohnehin thust. Nimm die Schwächen Aller auf dich als ein vollkommener Athlete. Wo mehr Mühsal, dort großer Lohn[3])." Wie sich seiner der Herr annimmt, seine Schwächen erträgt, die Bürde seines Amtes ihm tragen hilft: so soll auch der Bischof, sein Stellvertreter, die Heilssorgen, die Seelenanliegen, die Schwächen Aller auf sich nehmen, sie ihnen tragen helfen, seine ermüdeten, halberliegenden Schäflein wie ein guter Hirt in der Kraft des Herrn auf seinen Schultern zum Himmel tragen, damit ihm keines verloren gehe. Dann ist er ein Held, ein Athlete Gottes, Christo ähnlich, der wie ein Riese seine Bahn gelaufen, die Sünden und Schulden, die Leiden und Schwächen Aller auf sich genommen und alle feindliche Macht überwunden und die ganze Welt als Siegesbeute davon getragen hat. Welch' ein herrlicher Lohn wird ihm werden, wenn ihm keine der anvertrauten Seelen verloren gegangen! Der Gedanke möge ihn zur größten Anstrengung und Aufopferung immer wieder begeistern.

Weil er der Hirt Aller, so darf seine Liebe nicht blos die Guten umfassen, sonst wird er keinen Lohn ärnten, seine Sorge muß sich vielmehr ganz besonders den Verdorbeneren zuwenden, um sie zu gewinnen und zu heilen. „Wenn du gute Schüler liebst, so wird dir kein Lohn dafür; mache dir vielmehr die Verdorbeneren in Sanftmuth folgsam[4])."

---

1) Τῆς ἑνώσεως φροντίζε, ἧς οὐδὲν ἄμεινον. L. c. c. 1. Ad Philad. c. 8.
2) Ad Smyrn. c. 7. — 3) Ad Polyc. c. 1.
4) L. c. c. 2. Unter den „Verdorbeneren" (λοιμοτέρους) sind ohne Zweifel die öffentlichen Pönitenten, wohl auch die Katechumenen, woraus das

Dabei hat er als Seelenarzt große Klugheit und Sanftmuth nothwendig, „denn nicht jede Wunde wird mit der nämlichen Salbe geheilt." Er muß in Allem klug sein wie die Schlange, und einfältig wie die Taube. Gegen die Fehlenden Güte und Nachsicht walten zu lassen, dazu soll ihn die Rücksicht auf sich selbst bestimmen. Er ist ja selbst ein Mensch im Fleische, trägt die Wunden und Gebrechen und Schwachheiten der menschlichen Natur an sich, damit er, was von den Vergehen und Mängeln der Seinen zu seiner Kenntniß kommt, milde und nachsichtig behandle. Er soll aber als Seelenarzt auch ein Mann des Geistes sein, damit die Seelenkranken zu ihm Vertrauen haben, ihre geheimen Wunden ihm aufdecken und so Heilung erlangen. Da dies eine besondere Gnadengabe, so soll er eifrig um sie beten¹). Insbesondere mögen die Wittwen sich seiner Fürsorge zu erfreuen haben. Nach dem Herrn sei er ihr Fürsorger. Selbst zu den Sklaven und Sklavinen soll er sich gütig herablassen und sie persönlich besuchen, um ihre Lage kennen zu lernen und für sie sorgen zu können²).

Wie als sorgsamer, gütiger Hirt der Seinen, so soll er sich den Feinden der Kirche, den Irrlehrern gegenüber als ein tapferer und muthiger Streiter beweisen. Unerschrocken soll er gegen sie streiten und sich nicht einschüchtern lassen, auch wenn sie Männer von Ansehen sind; da soll er unerschütterlich feststehen. „Die glaubwürdig zu sein scheinen und eine andere Lehre vortragen, sollen dich nicht einschüchtern. **Stehe fest, wie ein Amboß, auf dem gehämmert wird. Denn das zeigt einen großen Athleten an, tüchtig Schläge bekommen und doch siegen**³). Zumeist müssen wir

---

Wort μαθηταί weist, zu verstehen. Den Pönitenten als Rückfälligen, den Katechumenen, die in der Welt in verkehrte Gewohnheiten verstrickt gewesen, mußte der Bischof die größte Aufmerksamkeit und Sorgfalt und die liebevollste Behandlung angedeihen lassen.

1) Διὰ τοῦτο σαρκικὸς εἶ καὶ πνευματικός, ἵνα τὰ φαινόμενά σου εἰς πρόσωπον κολακεύῃς· τὰ δὲ ἀόρατα αἴτει, ἵνα σοι φανερωθῇ, ὅπως μηδενὸς λείπῃ, καὶ παντὸς χαρίσματος περισσεύῃς. L. c. c. 2. Unter „unsichtbaren Dingen" (ἀόρατα) sind nicht Geheimnisse Gottes oder der Zukunft zu verstehen, sondern die geheimen Vergehen und verborgenen Seelenkrankheiten; denn es ist ja von der Seelenheilung, vom Verhalten des Bischofs gegen die sündhaften, kranken Glieder seiner Heerde die Rede. S. Näheres in „Briefe des heil. Ign." S. 177.

2) L. c. c. 4.

3) Στῆθι ἑδραῖος ὡς ἄκμων τυπτόμενος. Μεγάλου ἐστὶν ἀθλητοῦ τὸ δέρεσθαι καὶ νικᾶν. L. c. c. 3. Dieses Bild vom Amboß ist überaus treffend.

aber Alles um Gottes willen ertragen, damit auch er uns ertrage."
Dieser Kampf darf nicht aus Leidenschaft, Ehrgeiz und anderen un=
statthaften Motiven geführt werden, sondern zumeist um Gotteswillen.
Dann steht dieser dem Kämpfenden bei, hält ihn aufrecht und ver=
leiht ihm den Sieg und die Siegeskrone, wenn er auch zu unter=
liegen scheint. „Lerne die Zeiten verstehen 1)," lautet eine andere
Mahnung. Der Bischof muß auch die Zeiten verstehen: ihre Ge=
fahren und Uebel, ihre Anforderungen und Bedürfnisse, um belehrend,
warnend, mahnend und helfend eingreifen zu können. Er muß die heiligen
Zeiten verstehen, um sie im Geiste Gottes benützen und die Seinen
darüber unterweisen zu können; er muß die Zeit überhaupt verstehen
als eine Vorbereitung auf die Ewigkeit, als eine Stunde der Wache,
in der er auf die Ankunft des Herrn zu warten hat. Je gefahr=
voller die Zeiten, desto größer muß sein Eifer, seine Aufopferung,
seine Anstrengung werden. Nach tüchtigen Bischöfen verlangt die Zeit,
„wie ein Steuermann nach günstigen Winden, wie ein von Stürmen
Umhergeworfener nach einem Hafen, auf daß Alle das Glück haben,
zu Gott zu gelangen 2)."

Damit der Bischof dies Alles zu leisten im Stande sei als ein
vollkommener Athlete Gottes, muß er mit der Standhaftigkeit und
Klugheit, Einfalt und Güte auch unabläßiges Gebet, Wachsamkeit und
Nüchternheit verbinden. Daher die Ermahnung: „Verharre in un=
abläßigen Gebeten. Bitte um noch mehr Einsicht, als du schon hast.
Wache, besitze einen nie schlummernden Geist 3)." „Sei nüchtern als
ein Athlete Gottes." Je größer die Mühe und Arbeit, desto größer
der Lohn; und der ist Unverweslichkeit und ewiges Leben. Darin
möge ihm Ignatius in Fesseln zur Gewähr und zum Vorbilde sein.
Wie Ignatius möge auch er nur Gott, nicht mehr den Menschen zu
gefallen suchen, nur auf den schauen als sein Ideal und vertrauen
als seinen Beschützer und hoffen als Vergelter, „der über der Zeit
ist, den Zeitlosen, den Unsichtbaren, den unsertwegen Sichtbaren, den
Unbetastbaren, den Leidensunfähigen, den unsertwegen Leidenden, der
in jeglicher Weise unsertwegen geduldet hat 4)."

Der Bischof darf nicht wanken, weil er der Hirt der Uebrigen, der Mittel- und
Stützpunkt Aller ist, und weil, wenn dieser wankt, Alles, was er tragen und
aufrecht halten soll, in Verwirrung und Auflösung geräth.
 1) Τοὺς καιροὺς καταμάνθανε. l. c. c. 3. — 2) l. c. c. 2. — 3) l. c.
c. 1. — 4) l. c. c. 3.

§. 2.

Amt und Pflichten der Presbyter und Diakonen.

Dem Bischof sind von Christo in der Kirche die Priester und Diakonen an die Seite gegeben. Auch das Priesterthum ist eine wesentliche Institution, ohne welche von einer Kirche nicht die Rede sein kann[1]). Ignatius spricht sich näher darüber aus, indem er bemerkt, es sei das Priesterthum ebenso, wie das Bischofsamt „ein Gesetz Jesu Christi[2])", d. i. eine unmittelbare Anordnung und Einsetzung des Herrn. Auch die Priester sind, wie der Bischof, Träger einer geistigen Gewalt, die von Christus direct stammt, so daß auch sie in ihrer Würde und in ihrem Amte als Stellvertreter Christi anzusehen sind. Deshalb gehorcht derjenige dem Willen und Gebote Gottes, der dem Priester, wie derjenige, der dem Bischof gehorsam ist. Gleichwohl ist ein wesentlicher Unterschied zwischen der Weihegewalt des Bischofs und Presbyters. Diese Verschiedenheit findet sich bei Ignatius darin angedeutet, daß das Bischofsamt „eine Gnade Gottes", das Priesteramt „ein Gesetz Christi" genannt wird, und ergibt sich dann ganz besonders aus ihrer Stellung.

Die Priester bilden die zweite Stufe der göttlich instituirten hierarchischen Ordnung und stehen zum Bischof in einem ähnlichen Verhältnisse, wie die Apostel zu Christo. Gleichwie nämlich den Herrn das Collegium der Apostel umgab, so umgeben den Bischof die Priester. Während also der Bischof Gottes Stelle vertritt, nehmen die Priester um ihn die Stelle der Apostel ein. Deshalb sind sie wie diese zu ehren und als die Rathsversammlung der Apostel und der Senat Gottes anzusehen[3]). In ihrer Stellung zum Bischof gleichen sie einem „schöngeflochtenen geistigen Kranze" um ihn[4]).

Dieser ihrer Stellung gemäß sollen sie mit dem Bischof in so

---

1) *Ad Trall.* c. 3. — S. oben S. 45.

2) Ὑποτάσσεται τῷ ἐπισκόπῳ ὡς χάριτι Θεοῦ, καὶ τῷ πρεσβυτερίῳ ὡς νόμῳ Ἰησοῦ Χριστοῦ. *Ad Magn.* c. 2. Ὑποτασσόμενα τῷ ἐπισκόπῳ ὡς τῇ ἐντολῇ, ὁμοίως καὶ τῷ πρεσβυτερίῳ. *Ad Trall.* c. 13. Das τῇ ἐντολῇ (sc. Ἰησοῦ Χριστοῦ), sowie das νόμος Ἰησοῦ Χριστοῦ zeigt an, daß hier ein ganz bestimmtes Gebot, eine specielle Anordnung des Herrn gemeint sei.

3) Ὑποτάσσεσθε καὶ τῷ πρεσβυτερίῳ ὡς τοῖς ἀποστόλοις Ἰησοῦ Χριστοῦ. *Ad Trall.* c. 2 et 3. *Magn.* c. 6.

4) *Ad Magn.* c. 13.

vollkommener Harmonie sein, „wie die Saiten mit der Zither[1]." Sie sollen ihm in vollkommener Unterordnung unter seine höhere Autorität und in geziemender Berücksichtigung seiner Würde und Gewalt, die er von Gott hat, die gebührende Achtung und Ehrfurcht erweisen, sich, auch wenn er jünger ist, Nichts herausnehmen und nicht zu vertraut mit ihm umgehen, „ihm vielmehr den Vorrang lassen," weil er die Macht Gottes des Vaters besitzt[2]. Wenn der Bischof auch viel jünger ist als die Presbyter, so ist er doch ihr Bischof, mit der Macht Gottes betraut, als Christi und Gottes eigentlicher sichtbarer Stellvertreter. Ohne Zustimmung des Bischofs dürfen auch die Priester nichts unternehmen. „Alle insgesammt, vornehmlich aber die Priester, sollen bedacht sein, dem Bischof Freude zu machen zur Ehre des Vaters, Jesu Christi und der Apostel[3]."

Wie die Priester dem Bischof Unterwerfung, Ehrfurcht und Gehorsam schulden, so die Gemeinde den Priestern. Sie hat sie als Stellvertreter Gottes und der Apostel vermöge göttlichen Gesetzes zu achten und zu ehren und mit ungetheiltem Herzen und unauflöslicher Sinneseintracht ihnen anzuhangen[4]. Darum erinnert Ignatius die Philadelphier an die Worte, die er bei seiner Anwesenheit an sie gerichtet hatte: „Als ich in euerer Mitte war, da rief ich aus: Haltet es mit dem Bischof und der Priesterschaft und den Diakonen[5]." An die Gemeinde in Smyrna schreibt er: „Folget alle dem Bischof, wie Jesus Christus dem Vater, und dem Priestercollegium, wie den Aposteln; die Diakonen achtet als ein Gesetz Gottes[6]."

Nach den Priestern folgen als dritte Stufe des kirchlichen Vorsteherthums die Diakonen. Auch sie sind unmittelbar göttlicher Anordnung und Einsetzung; denn auch sie bestehen Kraft eines besonderen Gesetzes Gottes[7]. Deßhalb sind auch sie in ihrem Amte als

---

1) Οὗτος συνήρμοσται τῷ ἐπισκόπῳ ὡς χορδαὶ κιθάρᾳ. Ad Ephes. c. 4.
2) Ad Magn. c. 3.
3) Πρέπει γὰρ ὑμῖν τοῖς κατ' ἄνδρα ἐξαιρέτως καὶ τοῖς πρεσβυτέροις ἀναψύχειν τὸν ἐπίσκοπον εἰς τιμὴν πατρός, Ἰησοῦ Χριστοῦ καὶ τῶν ἀποστόλων. Ad Trall. c. 12.
4) Ad Ephes. c. 20. Magn. c. 2. 3. 12. 13. Trall. c. 9.
5) Ἐκραύγασα μεταξὺ ὢν ἐλάλουν μεγάλῃ φωνῇ· τῷ ἐπισκόπῳ προσέχετε καὶ τῷ πρεσβυτερίῳ καὶ διακόνοις. Ad Philad. c. 7.
6) Ad Smyrn. c. 8. Trall. c. 3.
7) Τοὺς δὲ διακόνους ἐντρέπεσθε ὡς θεοῦ ἐντολήν. Ad Smyrn. c. 8.

Stellvertreter Jesu Christi anzusehen, da ihnen sein Dienst anvertraut ist. Ignatius hebt es ausdrücklich hervor, daß sie nicht als Diakonen für die Speisen und Getränke, sondern als **Diener der Kirche Gottes** angestellt sind[1]). Er will damit sagen: Sie haben nicht blos die Liebesmahle und die Austheilung des Almosens an die Armen der Gemeinde zu besorgen[2]), ihr Dienst ist ein specifisch kirchlicher, sie sind von dem Herrn eigens bestellte und autorisirte Diener der Kirche als der göttlichen Heilsanstalt, die besonders beim heiligen Opfer, bei Spendung der Gnadenmittel und Verkündigung des göttlichen Wortes mitthätig zu sein haben; denn darin besteht wesentlich der Dienst der Kirche. Er erklärt sich über diese seine Worte selbst noch genauer, wenn er sagt: „**Den Diakonen ist der Dienst Jesu Christi anvertraut, der vor den Zeiten bei dem Vater war und am Ende erschienen ist**[3])." Und abermals, indem er geradezu bemerkt: „**sie sind Diener der Geheimnisse Jesu Christi**", oder aber richtiger: „**sie sind selbst ein Geheimniß Jesu Christi**[4])," d. i. eine sacramentale Institution des Herrn in seiner Kirche.

Als ordinirte und autorisirte Stellvertreter Christi hat darum auch die Gemeinde sie anzuerkennen und zu achten. Als solche haben sich die Diakonen selbst anzusehen, müssen sie ihren heiligen Dienst mit der größten Gewissenhaftigkeit verrichten und sich vor jedem Vergehen in demselben, vor jeder etwaigen Anklage wegen ihrer Dienstverrichtungen von Seite der Gemeindeglieder so in Acht nehmen, wie vor Feuer[5]).

1) Οὐ γὰρ βρωμάτων καὶ ποτῶν εἰσι διάκονοι, ἀλλ' ἐκκλησίας θεοῦ ὑπηρέται. *Ad Trall.* c. 2.

2) Auch als Abgesandte der Kirchen wurden gewöhnlich Diakonen genommen. Zwei Diakonen begleiten den Ignatius von Syrien aus; den Diakon Burrhus gaben ihm die Ephesier und Smyrnäer als Ehrenbegleitung bis Troas mit. *Philad.* c. 11. *Smyrn.* c. 10. Und Ignatius wünscht, daß die Philadelphier einen Diakon nach Antiochien als „Gottesgesandten" schicken. *Ad Philad.* c. 10.

3) Τῶν διακόνων, τῶν ἐμοὶ γλυκυτάτων, πεπιστευμένων διακονίαν Ἰησοῦ Χριστοῦ, ὃς πρὸ αἰώνων παρὰ πατρὶ ἦν καὶ ἐν τέλει ἐφάνη. *Ad Magn.* c. 6.

4) Δεῖ δὲ καὶ τοὺς διακόνους, ὄντας μυστηρίων Ἰησοῦ Χριστοῦ, κατὰ πάντα τρόπον πᾶσιν ἀρέσκειν. *Ad Trall.* c. 2. Die Handschrift liest μυστήριον. S. Hefele, Funk und Dressel z. d. St. Eine Correctur in μυστηρίων oder μυστηρίοις ist nicht nothwendig. S. auch unt. 5. Kap. §. 3.

5) Δέον οὖν αὐτοὺς (sc. διακόνους) φυλάσσεσθαι τὰ ἐγκλήματα ὡς πῦρ. *Ad Trall.* c. 2 et 3. *Smyrn.* c. 8.

Auf diese Weise muß vermöge der Anordnung des Herrn jede christliche Gemeinde organisirt sein. Der Bischof ist der sichtbare Verwalter Gottes im göttlichen Haushalte der Kirche; die Priester und Diakonen sind seine ihm vom Herrn an die Seite gegebenen, besonders autorisirten und geweihten Gehilfen, seine Räthe und Beisitzer: die Gläubigen sind die auserwählten Diener und geheiligten Hausgenossen Gottes[1]).

So bildet die christliche Gemeinde eine festgeschlossene Einheit in sich und mit Gott, indem die Gläubigen den Vorstehern als den sichtbaren Stellvertretern Gottes Gehorsam und Ehrfurcht erweisen, in Einem Glauben und Einer Liebe mit ungetheiltem Herzen sich an sie anschließen, indem die Diakonen und Priester mit dem Bischof, der Bischof mit Gott geeinigt ist, jene nichts thun ohne Bischof, dieser nichts ohne Gott. In zwei Sätzen spricht Ignatius kurz und schön diese große Wahrheit aus. So an Polykarp den Bischof: „Nichts geschehe ohne deine Zustimmung, du aber thue nichts ohne Gott." Und an die Gemeinde in Magnesia: „Gleichwie also der Herr nichts gethan hat ohne den Vater, da er mit ihm eins ist, weder durch sich selbst, noch durch die Apostel, so unternehmet auch ihr nichts ohne den Bischof und die Presbyter[2])."

Indem Bischof, Priester und Diakonen so mit Gott geeinigt ihren Dienst als Stellvertreter des Herrn verrichten, dauert der Dienst des Heiles und der Erlösung durch Jesum Christum in der Gemeinde fort; und indem diese sich dieser geheimnißvollen Heils- und Gnadenwirkung beständig und mit ganzem Herzen hingibt, empfängt sie die

---
1) Ignatius erwähnt auch der Diakonissinen. Im Briefe an die Kirche in Smyrna (c. 13.) grüßt er auch die Jungfrauen, welche Wittwen heißen" (τὰς παρθένους τὰς λεγομένας χήρας). Diese Jungfrauen, welche dem Dienste der Kirche sich widmeten, hießen deßhalb „Wittwen", weil ursprünglich nur Wittwen, die sich nicht mehr zu verehelichen erklärt hatten, zu Diakonissinen genommen wurden, weshalb bald der ganze Stand der Diakonissinen geradezu auch „der Wittwenstand" (viduatus) hieß. Tertull. de veland. virg. c. 9. Unter diesen Jungfrauen, „die Wittwen genannt wurden", sind solche zu verstehen, welche Keuschheit gelobt hatten, also „gottgeweihte" (Deo sacratae) S. Ign. ad Polyc. c. 5. Sie wohnten wahrscheinlich in einem eigenen Hause, dem „Wittwenhause" (χηρεῖον). S. Zahn a. a. O. S. 334 ff. Das Institut der Diakonissinen ist apostol. Anordnung. Röm. 14, 1. 1. Tim. 5, 9 f. Ep Plinii X. 97.

2) Ad Polyc. c. 4. Magn. c. 7.

Heiligung und die Gnaden des Heils vom Vater durch Christum in immer reicherem Maaße. Und so wird das Thun der ganzen Gemeinde, der Vorsteher und der Gläubigen, ein durchaus christliches, eine Nachahmung Gottes, ein Wirken Gottes in ihr, ergießt sich seine Gnade immer überströmender in sie, wird ihr Leben ein Leben aus und nach Gott, und wird sie selbst eine heilige Gemeinde Gottes, ein geistiger, lebendiger Tempel des Vaters, der von Jesus Christus und dem heiligen Geiste zubereitet, „mit dem Namen des Vaters und Jesu Christi bezeichnet" und „ganz mit den Geboten Jesu Christi", wie mit göttlichen Bildern, „ausgeschmückt ist[1]."

§. 3.

Das Präsidium der römischen Kirche.

Wir haben bisher die Organisation der einzelnen christlichen Gemeinde dargestellt, da sie Ignatius in seinen Briefen und Ermahnungen an die Gläubigen zum Gehorsam gegen die kirchlichen Vorsteher zunächst im Auge hatte. Auf die Verfassung der ganzen Kirche reflectirt er weit seltener. Hiezu war gerade kein besonderer Anlaß gegeben. Es kam damals Alles darauf an, daß die Gläubigen sich treu und innig an ihren Bischof anschlossen: an ihm hatten sie die Sicherstellung gegen die häretischen und schismatischen Bestrebungen und die Bürgschaft ihrer Gemeinschaft auch mit der ganzen Kirche.

Es tritt aber aus seinen Briefen auch die Verfassung der allgemeinen Kirche klar genug hervor. Dies schon in der Organisation der einzelnen Kirche. Diese ist ihm nämlich das Abbild der ganzen Kirche. Somit stellt sich in ihrer Verfassung die der Gesammtkirche dar. Da nun jene einen sichtbaren Bischof hat, umgeben von einem Rathscollegium der Priester und Diakonen, und darin ihre wesentliche Form als kirchlich organisirte Gemeinde, so muß auch ihr Urbild, die ganze Kirche, in derselben Weise organisirt sein.

Dann gilt ihm der Grundsatz, es müsse jede Kirche so organisirt sein, wie die Kirche war, als der Herr sie stiftete, „nach dem Typus und der Lehre der Unverweslichkeit." Damals war aber Christus selbst ihr sichtbarer Oberhirt, den die Apostel als Senat Gottes umgaben. Deßhalb fordert Ignatius so unbedingt und kommt immer wieder darauf zurück, daß der Bischof im Vorsitze die Stelle

Gottes einnehme und die Presbyter die der Apostel, und sieht darin das thatsächliche Merkmal der wahren Kirche.

Es konnte jedoch dem erleuchteten Geiste unseres heiligen Bischofs nicht entgehen, daß diese seine Idee von der Kirche in der einzelnen Kirche nur unvollkommen realisirt sei. Im Theile repräsentirt sich das Ganze ja immer nur unvollständig. Diese Unvollkommenheit liegt hier darin, daß der Bischof als Stellvertreter des Herrn nur der Hirt einer einzelnen Heerde ist, und daß auch die Presbyter die Apostel nur in ihrer Stellung zum Bischof, keineswegs aber in ihrer Autorität vertreten.

Die vollkommene Verwirklichung der Ignatianischen Idee von der Kirche kann der Natur der Sache nach nur in der allgemeinen Kirche gegeben sein. Denn die Kirche, die Christus stiftete und deren sichtbarer Hirt er war, war nicht eine Theilkirche, sondern die ganze Kirche. Mithin muß diese den Typus der Urkirche und zwar in vollkommenster Nachbildung verwirklicht an sich tragen. Sie muß also ein sichtbares Oberhaupt haben, das die Stelle Jesu Christi einnimmt; und dieses muß umgeben sein von einem Senate und Rathscollegium, dessen Mitglieder wirkliche Stellvertreter der Apostel sind. Jenes ist der Papst, dieses bilden die Bischöfe.

So organisirt, steht die Kirche da als die Kirche Jesu Christi, als diejenige, die er gestiftet hat, und so wie sie war, als er selbst auf Erden ihr sichtbares Oberhaupt war. An seiner Stelle steht ein sichtbarer, allgemeiner Hirt, der die ganze Kirche leitet: unter ihm theilen sich in diese Leitung die über die Grenzen der Erde hin gesetzten Bischöfe in ihrer zweifachen Stellung: ihren Gemeinden gegenüber als Stellvertreter Gottes und Jesu Christi, dem obersten Hirten gegenüber als die Stellvertreter der Apostel, als seine Rathsversammlung und als der Senat Gottes[1]).

---

1) Da Ignatius durchgehends in seinen Briefen die Organisation der einzelnen Kirchen im Auge hat, so erklärt sich, wie es kam, daß er die Bischöfe nicht ausdrücklich als Nachfolger und Stellvertreter der Apostel bezeichnet. Er weist ihnen eine höhere Stellung an; sie treten an die Stelle Christi; die Stelle der Apostel nehmen die Presbyter ein; und so erscheint die Einzelkirche ebenso organisirt, wie die Gesammtkirche. Würde er die Verfassung der Gesammtkirche erörtert haben, so hätte sich die Stellung der Bischöfe als Stellvertreter der Apostel und als Rathscollegium des Stellvertreters Christi für die Gesammtkirche, d. i. des Einen obersten Hirten der ganzen Christenheit, von selbst ergeben.

Diese Verfassung der ganzen Kirche fordert also die Verfassung der Einzelnkirche, in der Ignatius das Abbild der allgemeinen Kirche sieht, und die Grundidee, von der er dabei ausgeht.

Indeß sind wir auf diese Deduction, so sicher sie an sich ist, nicht angewiesen. Der Gottesträger hat nämlich auch einen Brief an die Kirche in Rom geschrieben und dadurch Anlaß bekommen, sich über deren Stellung zur ganzen Kirche in seiner kurzen und plastischen Weise auszusprechen. Darin bezeichnet er nun wirklich den Bischof der römischen Kirche als den sichtbaren Oberhirten der ganzen Christenheit; und so erhält unsere Deduction von ihm selbst ihre ausdrückliche Bestätigung.

Die römische Kirche zeichnet er im Gruße und im ganzen Texte des Briefes an sie in der auffälligsten Weise vor allen anderen Kirchen, an die er schreibt, aus. Er zeigt gegen sie eine Bewunderung und Verehrung, daß er kaum Worte genug findet, ihre Vorzüge und hervorragenden Tugenden zu preisen. So sagt er gleich im Gruße: „Sie hat Barmherzigkeit erlangt in der Herrlichkeit des Vaters, des Allerhöchsten, und Jesu Christi, seines einzigen Sohnes: sie ward geliebt und erleuchtet in dem Willen Desjenigen, der alles das gewollt hat, was da ist, kraft der Liebe Jesu Christi, unseres Gottes; sie ist würdig Gottes, würdig der Ehrenauszeichnung, würdig der Seligpreisung, würdig des Lobes, würdig des erwünschten Glückes, würdig heilig, mit dem Namen Christi und des Vaters geschmückt, eins geworden dem Leibe und Geiste nach in jedem seiner Gebote, untrennbar von Gottes Gnade erfüllt und geläutert von jeglicher anderen Farbe[1]."
Wegen dieser ihrer besonderen Würde und Heiligkeit war es auch unseres Heiligen, wie des Apostels, sehnlichstes Verlangen, sie einmal persönlich zu sehen, ein Verlangen, um dessen Erfüllung er angelegentlich zu Gott flehte. Er preist sich daher glücklich, daß dieses Gebet erhört worden, und er nun hoffen dürfe, sie als Gefesselter in Christo begrüßen zu können[2]. Auch ihre Lehrthätigkeit hebt er als eine musterhafte und normgebende rühmend hervor. Nie hat sie Jeman-

---

[1] Ad Rom. Proem. — [2] l. c. c. 1. Röm. 1, 10 ss.

den irre geführt, Andere hat sie belehrt und ihnen als ihre Unterweiserin Gebote vorgeschrieben und Gesetze gegeben¹).

In der römischen Kirche sieht also Ignatius eine bewunderungswürdige Musterkirche in jeglicher Tugend, eine Lehrerin der Wahrheit und Gesetzgeberin anderer.

Er geht aber noch weiter. Er legt ihr geradezu auch eine höhere Autorität vor den übrigen Kirchen bei; denn er bezeichnet sie auch als diejenige, die außer den erwähnten Ehren- und Gnadenauszeichnungen auch noch die hat, daß sie die **Präsidialkirche** ist, indem er sie auch als diejenige begrüßt, welche **in der Regionenstadt Rom den Vorsitz führt**²). Und hiebei ist bemerkenswerth, daß er sich zur Be-

---

1) Οὐδέποτε ἐβασκάνατε οὐδένα, ἄλλους ἐδιδάξατε. Ἐγὼ δὲ θέλω, ἵνα κἀκεῖνα βέβαια ᾖ, ἃ μαθητεύοντες ἐντέλλεσθε. L. c. c. 3. Daß unter ἄλλοις „Gläubige auswärtiger Kirchen" zu verstehen seien, und daß es sich hiebei um eine lehrhafte Amtsthätigkeit der römischen Kirche handle, wie dies auch μαθητεύοντες ἐντέλλεσθε deutlich anzeigt, bedarf keines Beweises. Zahn erinnert mit Recht an den Brief, den die römische Kirche durch Clemens an die korinthische schrieb, und der damals, als Ign. seine Briefe schrieb, in Asien öffentlich gelesen wurde; sowie an den „Hirten des Hermas", den Clemens als Papst an „die auswärtigen Kirchen" geschickt, und Ignatius gelesen hatte; und endlich an die große Missionsthätigkeit, die von der römischen Kirche ausging. A. a. O. S. 313 f. Dabei ist klar, daß diese autoritative Lehrthätigkeit der römischen Kirche nicht deshalb zustand, weil sie die Kirche der Hauptstadt des Reiches war, sondern aus einem specifisch kirchlichen Grunde.

2) Ἥτις καὶ προκάθηται ἐν τόπῳ χωρίου Ῥωμαίων. L. c. Proem. Ἐν τόπῳ gibt die örtliche Lage der also begrüßten Kirche an. Es drückt bei Ignatius stets diese locale Lage in seinen Grußformeln aus, z. B. ἐκκλησίᾳ.. τῇ οὔσῃ ἐν Ἐφέσῳ, ἐν Μαγνησίᾳ, ἐν Τράλλεσιν, ἐν Συρίᾳ u. s. w. Diese Worte sprechen also nicht aus, wie weit sich das Präsidium der begrüßten Kirche erstreckt, sondern zeigen nur an, wo sie ist, als würde er sagen: ich grüße die Kirche, die ist ἐν τόπῳ χ. P.. als die präsidirende. Da ἐν τόπῳ χ. P. immerhin ungewöhnlich hart ist, so habe ich vorgeschlagen („Briefe des hl. Ign." S. 115), statt χωρίου zu lesen χωρίῳ. Dies empfiehlt sich aus folgenden zwei Gründen: a) weil in den Handschriften ο von ω und somit ου von ῳ nicht leicht zu unterscheiden ist; b) weil Rom auch in kirchlicher Beziehung in **Regionen** (χώρα) eingetheilt war. Zahn nennt zwar letztere Notiz „eine interessante Kunde" (a. a. O. S. 809. Anm. 7.), aber das ist sie gar nicht, sondern eine bekannte Sache. Der Felicianische Katalog der Päpste und der liber pontificalis sagen dies ja von Papst **Clemens** ausdrücklich. Aber von wirklichem Interesse ist es ohne Zweifel zu erfahren, daß Rom damals nicht bloß die „**Siebenhügelstadt**", septimontium, ab tot montibus, quos postea Urbs muris comprehendit. Varro, V. 7, sondern wirklich und zwar officiell auch die „**Regionenstadt**" hieß. K. Augustus theilte bekanntlich Rom in vierzehn Regionen ein

zeichnung dieser Würde des nämlichen Ausdruckes bedient, den er zur Bezeichnung der Stellung des einzelnen Bischofs in seiner Gemeinde gebraucht. Dieser führt aber den Vorsitz kraft göttlicher Anordnung und an Gottes Statt.

Aber auch dies genügt unserem Apostelschüler noch nicht. Da es bei der Allgemeinheit des Ausdruckes zweifelhaft sein konnte, worüber die römische Kirche die Vorsteherwürde besitze, so begrüßt er sie gleich darauf noch einmal als die präsidirende und fügt nun selbst die nähere Bestimmung bei, worüber sich ihr Präsidium erstrecke, indem er sagt, sie sei „die Vorsitzerin der Liebe [1].“

Diesen Ausdruck „Liebe“ erklärt uns der Ignatianische Sprachgebrauch. Ignatius will damit nicht sagen, die römische Kirche übertreffe alle in ihrer Liebe und Wohlthätigkeit, denn dann würde er eine andere Construction gewählt haben; sondern er will sagen, sie habe die Vorsteherwürde über die Liebe, ihr Präsidium erstrecke sich über das ganze Gebiet der christlichen Liebe und Liebesthätigkeit; sie stehe autoritativ leitend und ordnend an der Spitze der gesammten christlichen Liebesthätigkeit der Gläubigen [2]. Das Gebiet ihrer Au=

---

und fortan pflegte sie, wenn sie als Ganzes bezeichnet werden sollte, Urbs oder Urbs sacra Regionum XIV genannt zu werden (Orelli, Inscript. Nr. 4. 5. 4085. Tacit. Ann. XIV. 12) zum Unterschiede von der früheren Urbs, welche eigentlich nur die von den Mauern des Servius umgebene Altstadt war." S. Pauly, Real=Encyclopädie. Bd. VI. S. 501. Der Vorschlag: χωρίον, statt χωρίου zu lesen, beruht somit auf dem allbekannten officiellen Sprachgebrauche, und es dürfte keinem Zweifel mehr unterliegen, daß Ignatius wirklich so geschrieben und die römische Kirche als die Kirche in der Regionenstadt Rom begrüßt hat. Diesem ἐν τόπῳ χωρίου Ῥωμαίων entspricht dann als genaue Parallele das ἐν τόπῳ Ἱεροσολύμων im Briefe des Königs Abgar an den Herrn (Euseb. H. E. I. 13); denn wie Ἱεροσολύμων, so ist auch χωρίου Ῥωμαίων der Name der Stadt.

1) Ἥτις καὶ προκάθηται ἐν τόπῳ χωρίου Ῥωμαίων, ἀξιόθεος, ἀξιοπρεπής, ἀξιομακάριστος, ἀξίαγνος, ἀξιεπίτευκτος, ἀξίαγνος καὶ προκαθημένη τῆς ἀγάπης. l. c.

2) Der Wechsel der Construction des προκαθῆσθαι, das eine Mal mit ἐν τόπῳ, das andere Mal mit dem Genitiv τῆς ἀγάπης zeigt deutlich genug an, daß dort die örtliche Lage, hier dagegen angegeben ist, worüber sie präsidire, also das Object ihrer Präsidialautorität. Beides entspricht dem Sprachgebrauch. In Bezug auf ἐν sehen wir dies, wie bereits dargethan, bei Ignatius selbst. In letzterer Beziehung ist die Sache gleichfalls ganz sicher. So nennt der Patriarch Johannes v. Antiochien seine Kirche, um sie als die Vorsteherin, als die Patriarchalkirche des Orients zu bezeichnen, προκαθημένη τῆς ἀνατολῆς, und Gregor von Nazianz die von Constanti=

torität reicht also soweit, als der Glaube und die Liebe reichen, somit über die ganze Christenheit, über die ganze Kirche.

Dieser Sinn ergibt sich schon, wenn wir „Liebe" in der gewöhnlichen Bedeutung nehmen. Nun hat aber dieses Wort bei Ignatius hier, wie auch anderwärts, eine ganz eigene, viel bestimmtere Bedeutung. Ignatius gebraucht es nämlich wiederholt auch im concreten Sinne mit der Bedeutung „Liebesverein". In diesem Sinne nennt er jede christliche Gemeinde „die Liebe" [1]), eine Bezeichnung, die in der That sehr zutreffend und sinnvoll ist, weshalb sie auch frühzeitig in den kirchlichen Sprachgebrauch übergegangen ist. Da nämlich die Liebe das Grundprincip des religiösen und kirchlichen Lebens der christlichen Gemeinde ist: so kann sie ein „Liebesverein", die „Liebe" im concreten Sinne genannt werden, wie auch Gott die Liebe heißt und wesenhaft ist. Wie nun die einzelne Gemeinde ein „Liebesbund" genannt werden kann, so auch die ganze Kirche. Denn diese ist im Großen und Ganzen dasselbe, was jene für sich und im Kleinen: ein großer „Liebesverein", dessen Wesen die Liebe ist. Somit hat der römische Bischof das Präsidium im Liebesbunde der ganzen christlichen Kirche.

Daß dies die wirkliche Anschauung des Ignatius und die richtige Auffassung und Erklärung seines Ausdruckes sei, dafür gibt er selbst ein eklatantes und unwiderlegliches Zeugniß. Er bezeugt nämlich auch die faktische Ausübung des universellen Episkopates der römischen

---

nopel aus demselben Grund προκαθεζομένη τῆς ἐῴας πόλις. Auch sonst hat der Genitiv bei προκαθῆσθαι. z. B. πόλεως u. s. w. immer diese Bedeutung. S. Du Cange. Gloss. s. v. προκαθῆσθαι. Wollte also Ignatius sagen, „sie übertrifft alle Kirchen in der Liebe," in ihrer Wohlthätigkeit, so hätte er nicht τῆς ἀγάπης gebrauchen dürfen, sondern hätte ἐν τῇ ἀγάπῃ setzen müssen.

1) So, wenn er sagt: „es grüßt euch die Liebe der Brüder in Troas" — ἀσπάζεται ὑμᾶς ἡ ἀγάπη τῶν ἀδελφῶν τῶν ἐν Τρωάδι. — (Philad. c. 11. Smyrn. c. 12), es grüßt euch die Liebe der Ephesier und Smyrnäer" (Trall. c. 13), d. i. die christlichen Gemeinden daselbst. So, wenn er die Christen in Rom (c. 1) und Magnesia (c. 1) geradezu anredet mit „eure Liebe". In derselben concreten Bedeutung gebraucht dasselbe Wort auch der Verfasser seines Martyriums. Da er in Puteoli nicht landen konnte, so „pries er selig", bemerken sie, „die Liebe der Brüder in jenem Orte" — μακαρίσας τὴν ἐν ἐκείνῳ τῷ τόπῳ τῶν ἀδελφῶν ἀγάπην — die christliche Gemeinde daselbst, und „segelte so vorüber" (Mart. s. Ign. c. 5). Unserem Heiligen ist dieser Gebrauch eines abstracten Begriffes im concreten Sinn etwas ganz Gewöhnliches. Er gebraucht daher auch ἀγάπη = Liebesmahl (Rom. c. 7) auch = Blut (αἷμα) Jesu Christi (l. c. et ad Trall. c. 8), πίστις (Glaube) = σάρξ (Fleisch des Herrn, ad Trall. l. c.), σὰρξ Ἰησοῦ = εὐαγγέλιον (ad Philad. c. 5.)

Kirche über alle übrigen Kirchen, und zwar in der merkwürdigen Weise, daß er selbst deren oberhirtliche Sorgfalt für seine eigene, durch seine Abführung hirtenlos gewordene Kirche zu Antiochien in Syrien in Anspruch nimmt.

Am Schlusse seines Briefes nämlich empfiehlt er die Kirche in Syrien der römischen mit den Worten: „Seid eingedenk in euerem Gebete der Kirche in Syrien, die nun statt meiner Gott zum Hirten hat. Jesus Christus wird sie nun allein als ihr Bischof leiten und euere Liebe[1]."

Ignatius war als Bischof von Antiochien der Bischof der Kirche von Syrien. Durch seine Abführung ist diese ihres sichtbaren Hirten (ποιμήν) beraubt, eine verwaiste Kirche geworden, die nunmehr unter dem unsichtbaren Hirten Gott, dem Hirten Aller, und Jesu Christo, dem Hirten der Seelen, steht. Doch ist diese Verwaisung keine vollständige. An die Stelle des entrissenen sichtbaren Hirten tritt nun die allgemeine Liebes- und Hirtensorgfalt der römischen Kirche oder des römischen Bischofs, als des sichtbaren Oberhirten aller Kirchen: und dieser hat nun im Vereine mit Christo die Kirche in Syrien als Bischof zu leiten. Sehr bezeichnend und absichtlich wählte hier Ignatius den Ausdruck „Bischof sein", „das Bischofsamt führen" (ἐπισκοπεῖν). Er gebraucht ihn in derselben Bedeutung noch einmal, nämlich im Gruße an seinen Mitbischof Polykarp, indem er von ihm rühmt: wie er der Bischof der Kirche in Smyrna ist, so ist Gott Vater und Jesus Christus sein Bischof[2]).

So spricht also Ignatius mit offenbarer Absichtlichkeit von der oberhirtlichen Würde und Stellung der römischen Kirche in denselben beiden Ausdrücken, wie von dem einzelnen Bischof, „das Präsidium führen", „das Bischofsamt ausüben", aber mit dem Unterschiede, daß sie sich für diesen auf eine einzelne Kirche beschränken, für jene aber auf die ganze Kirche beziehen. Denn wenn der Episkopat und die Wirksamkeit des römischen Bischofs sich auf die antiochenische

---

[1] Μνημονεύετε ἐν τῇ προσευχῇ ὑμῶν τῆς ἐν Συρίᾳ ἐκκλησίας, ἥτις ἀντὶ ἐμοῦ ποιμένι τῷ Θεῷ χρῆται. Μόνος αὐτὴν Ἰησοῦς Χριστὸς ἐπισκοπήσει, καὶ ἡ ὑμῶν ἀγάπη. *Ad Rom. c. 9.* Wie wir sehen, hat hier ἀγάπη abermals die Bedeutung „christliche Gemeinde", „Liebesverein".

[2] Τρόπος .... Πολυκάρπῳ ἐπισκόπῳ ἐκκλησίας Σμυρναίων, μᾶλλον ἐπισκοπημένῳ ὑπὸ Θεοῦ πατρὸς καὶ κυρίου Ἰησοῦ Χριστοῦ. *Ad Polyc. Proem.*

Kirche erstreckt, so erstreckt er sich nothwendig auch auf alle anderen Kirchen, über das ganze Gebiet der christlichen Liebe.

Bemerken wir auch dies, daß Ignatius, der angesehenste Bischof des Orients und der Apostelschüler, es ist, der die römische Kirche als seine Stellvertreterin in seinem Hirtenamte in Anspruch nimmt; daß er nicht dem ausgezeichneten Bischof von Ephesus Onesymus, von wo aus noch bis vor wenigen Jahren der Apostel Johannes die Kirchen Asiens und Syriens mit apostolischer Autorität geleitet hat, auch nicht dem Polykarp, dem Bischof von Smyrna, dem Schüler des Lieblings= apostels des Herrn, einem Mann von apostolischem Geiste, wie ihn Ignatius selbst nennt, der wie ein tapferer Held in den Kämpfen jener Zeit dastand, oder sonst einem angesehenen nahen Bischof die Leitung und Obhut seiner Kirche empfiehlt, sondern dem Bischof der weit entlegenen römischen Kirche. Geht daraus nicht mit Evidenz hervor, daß er diesen und nur diesen als denjenigen ansieht, dem von Rechtswegen und kraft göttlicher Anordnung die oberhirtliche Sorge für alle Kirchen zustehe?

So ist also der römische Bischof für die ganze Kirche dasselbe, was der einzelne Bischof für seine Gemeinde: ihr sichtbarer Oberhirt und als solcher der Stellvertreter des allgemeinen unsichtbaren Hirten, Christi. Ihn umgeben die Bischöfe als die Rathsversammlung der Apostel. Und es ist die Kirche wirklich so organisirt, wie sie war, als der Herr sie stiftete und selbst, umgeben von dem Collegium der Apostel, ihr sichtbares Oberhaupt war.

Fünftes Kapitel.
Die Lehre vom kirchlichen Gottesdienste und den Sacramenten.

§. 1.
Der kirchliche Gottesdienst überhaupt.

Mit der kirchlichen Hierarchie steht die Feier des öffentlichen Gottesdienstes in wesentlichem Zusammenhange, da dieser ausschließ= lich Sache der kirchlichen Vorsteher ist. Seine Darstellung schließt sich somit passend an jene an. Sie dürfte gleichfalls von großem In= teresse sein, da sich aus der Zusammenstellung der gelegentlichen Aeuße=

rungen unseres Apostelschülers darüber ein ziemlich vollständiges Bild desselben ergibt.

Zunächst hat die Notiz Interesse, es habe zur Zeit unseres Apostelschülers der christliche Gottesdienst am Sonntage stattgefunden. Ignatius bezeugt dies, indem er den Magnesiern bemerkt, sie dürften durchaus nicht nach dem Judaismus leben, da selbst Solche, die einst in den alttestamentlichen Satzungen gewandelt, aber der in Christo erschienenen neuen Hoffnung nachgegangen, also christlich gewordene ehemalige Juden, jetzt nicht mehr die Sabbathe beobachten, sondern sich in ihrem Leben nach dem Tage des Herrn richten. Er gibt hiefür auch den Grund an; denn, sagt er, an diesem Tage der Auferstehung des Herrn hat auch unser Leben, das Gnadenleben, das aus seinem Tode entspringt, seinen Anfang genommen [1]). „Der Tag des Herrn" wurde also als Wochentag der Auferstehung mit gemeinsamen Gottesdienst in heiliger Freude gefeiert [2]).

Doch war der Gottesdienst nicht beschränkt auf die Sonntage. Es wurden auch die Jahrtage des Todes der Martyrer als ihre Geburtstage für den Himmel an der Stätte, wo ihre Reliquien beigesetzt waren, festlich mit kirchlicher Feier begangen [3]); und auch außerdem noch an den Wochentagen muß gemeinsamer Gottesdienst abgehalten worden sein, da Ignatius den Polykarp ermahnt, daß gottesdienstliche Versammlungen noch häufiger, d. i. noch öfter, veranstaltet werden sollen [4]). Ob diese am Morgen oder Abend gehalten wurden, erfahren wir von Ignatius nicht [5]). Nach Plinius, seinem Zeitge-

---

1) Μηκέτι σαββατίζοντες, ἀλλὰ κατὰ κυριακὴν (sc. ἡμέραν) ζωὴν ζῶντες, ἐν ᾗ καὶ ἡ ζωὴ ἡμῶν ἀνέτειλεν δι' αὐτοῦ καὶ τοῦ θανάτου αὐτοῦ. Ad Magn. c. 9.
2) Diese Feier ist apostolischer Anordnung. Offb. 1, 10; 1. Cor. 16, 2; Apg. 20, 7; Ep. s. Barnab. c. 15; Justin. Apol. I. 67.
3) Martyr. s. Ign. c. 7. Martyr. s. Polyc. c. 18.
4) Ad Polyc. c. 4. Zahn a. a. O. S. 355.
5) Zahn will zwar aus den beiden Ausdrücken εὐχαριστία und προσευχή (Smyrn. c. 7.), wie er gesteht (a. a. O. S. 338 ff.) „nicht ohne exegetische Mühe" eine Zweitheilung des damaligen Gottesdienstes ableiten, aber sein Versuch ist nicht gelungen. Ignatius enthält darüber keine Silbe und aus den genannten beiden Worten läßt sich nichts folgern; sie beschreiben einfach den damaligen Gottesdienst, der in der Feier der Eucharistie und im Gebete bestand. Zahn gibt überhaupt eine ungenügende, in wesentlichen Punkten unrichtige Darstellung desselben. Es würde zu weit führen, seine Darstellung im Einzelnen zu berichtigen; nur ein paar der bedeutendsten Mängel und Unrichtigkeiten werde ich im folgenden Paragraphe besonders namhaft machen.

nossen, fand der Gottesdienst in den kleinasiatischen Kirchen in der Frühe vor Sonnenaufgang statt¹).

Was die gottesdienstliche Feier selbst betrifft, so bestand sie in der Verkündigung des göttlichen Wortes von Seite des Bischofs, in gemeinsamem Psalmengesange und Gebete, in der Feier der Eucharistie als Opfer und Communion und in der Abhaltung von Liebesmahlen. Den Mittelpunkt bildete die eucharistische Feier.

Zur Bezeichnung der Ansprache des Bischofs an die versammelte Gemeinde bedient sich Ignatius des Ausdrucks „eine Homilie halten"²). Den hauptsächlichsten Inhalt einer solchen machte die Erklärung der heiligen Schrift aus. In seinem Martyrium heben nämlich die Verfasser zu seinem Ruhme hervor, daß er als Bischof von Antiochien „mit anhaltender Belehrung in geistiger Anstrengung in den Stürmen der zahlreichen Verfolgungen unter dem Kaiser Domitian dem Andrange der Verfolgung gewehrt, in der Zeit des wiederhergestellten Friedens aber durch seine Auslegung der göttlichen Schriften den Verstand eines Jeden wie eine göttliche Lampe erleuchtet habe³)."

Der Homilie ging, wie wir aus Justinus wissen, die Verlesung von Abschnitten des alten und neuen Testamentes voraus. Diese Lesung und Erklärung der Schrift bildete somit einen integrirenden Bestandtheil des öffentlichen Gottesdienstes. In diesen Ansprachen des Bischofs wurde aber nicht bloß die Schrift erklärt, sondern es wurden auch alle religiösen und sittlichen Bedürfnisse der Gemeinde und der einzelnen Stände, der Männer und Frauen, der Jungfrauen⁴) berücksichtigt und selbst allgemeine kirchliche Angelegenheiten besprochen, wie z. B. die Absendung eines Boten nach Antiochien, um der dortigen Gemeinde die Glückwünsche für die Wiederkehr des Friedens zu überbringen⁵). Insbesondere ward auch vor den Häretikern und ihren

---

1) Am Abende folgte dann eine zweite Versammlung zum Genusse des Liebesmahles. Seine Beschreibung lautet nach der gerichtlichen Aussage der Christen: »Affirmabant antem, hanc fuisse summam vel culpae vel erroris, quod essent *soliti stato die* (gewöhnlich der Sonntag) *ante lucem convenire* carmenque Christo quasi Deo dicere secum invicem . . . . . quibus peractis (i. e. der Gottesdienst am Morgen) morem sibi *discedendi* fuisse *rursusque coeundi* (am Abende) ad capiendum cibum, promiscuum tamen et innoxium. L. c.
2) Ὁμιλίαν ποιεῖν. *Ad Polyc.* c. 5. — 3) *Martyr. s. Ign.* c. 1. —
4) *Ad Polyc.* c. 5. — 5) l. c. c. 7.

Kunstgriffen gewarnt und zum innigen Anschluß an die kirchlichen Obern und zum treuen Beharren in der kirchlichen Gemeinschaft gemahnt.

Die Ausübung des Lehramtes sah Ignatius als eine der heiligsten Pflichten und als eine der ersten Obliegenheiten eines Bischofs, als des von dem Herrn gesetzten Führers und Hirten der Gemeinde, an. Als eifriger Seelenhirt predigte er nicht blos unermüdlich in Antiochien, er hielt auch als ein Gefesselter in Christo auf seinem Transporte Ansprachen an die zum Gottesdienste versammelte Gemeinde in Smyrna. Ja, er reiste sogar nach Philadelphia, um in Privatbelehrungen und öffentlichen Reden den Bestrebungen der schismatisch und häretisch Gesinnten entgegenzuwirken und die gestörte kirchliche Einigkeit wieder herzustellen. Und das, erklärte er, sei seine eigentliche Amtspflicht gewesen, da er dazu bestellt sei, die Einheit zu wahren.

Aus diesem Bewußtsein, daß das Lehramt auszuüben zunächst Pflicht des Bischofs sei, entsprangen auch seine wiederholten und ernstlichen Mahnungen an seinen bischöflichen Freund Polykarp, mit wachsendem Eifer seines Hirten- und Lehramtes zu walten, von Solchen, die eine andere Lehre vortragen, auch wenn sie Männer von Beredsamkeit und Ansehen sind, sich nicht einschüchtern zu lassen, vielmehr ihnen gegenüber festzustehen, wie ein Amboß, auf dem gehämmert wird, als ein Athlete Gottes zu streiten, wenn es auch tüchtig Schläge absetzt. Aber der Kunstgriffe der Häretiker, die ihre falsche, giftige Lehre mit dem Honig der Scheinheiligkeit und Schmeichelei vermischen, soll er sich nicht bedienen. Er soll offen und ehrlich die Wahrheit lehren, die Lüge verwerfen. „Die verwerflichen Künste" (der Irrlehrer), sagt er ihm, „fliehe, sprich aber umsomehr davon in deinen Homilien[1]," d. i. decke sie auf und warne davor.

Außer der öffentlichen soll auch die Privatbelehrung bei jeder Gelegenheit geübt werden. „Sprich zu Jedem," schreibt er an ebendenselben, „wie du nur kannst mit Gottes Hilfe[2]."

Des gemeinsamen Gesanges beim Gottesdienste erwähnt

---

1) Τὰς κακοτεχνίας φεῦγε μᾶλλον δὲ περὶ τούτων ὁμιλίαν ποιοῦ. L. c. c. 5. Andere verstehen unter κακοτεχνίας den Christen unerlaubte Künste und Beschäftigungen, z. B. Schauspiele, Gladiatorenkämpfe und alle jene Gewerbe und Künste, die mit dem Götterdienste in Verbindung standen. S. dagegen ad Philad. c. 6.

2) L. c. c. 1. Wie ihm Gott Gelegenheit gibt und die Worte in den Mund legt (Apg. 2, 4).

Ignatius im Briefe an die Ephesier, worin er lobend bemerkt, es seien bei ihnen die Priester so in Harmonie mit dem Bischof, wie die Saiten mit der Zither. „Dadurch," fährt er fort, „wird in euerer Sinneseintracht und einhelligen Liebe Jesus Christus besungen. Und ihr Alle, Einer wie der Andere, **sollet ein Chor werden, auf daß ihr, wenn ihr in Sinneseintracht zusammenstimmend, den Lobgesang Gottes in der Versammlung miteinander anstimmt, wie mit Einer Stimme durch Jesum Christum dem Vater lobsinget**[1]." „Gesang Gottes"[2] ezeichnet ein religiöses Lied, einen Psalm.

Der Psalmengesang kam aus dem Judenthum in die Kirche. Der Herr selbst sang den Dankhymnus nach dem Abendmahle, und der Apostel spricht sogar von einem Charisma des Psalmensingens und fordert auf, Psalmen, Lobgesänge und geistliche Lieder dem Herrn zu singen[3]. In der eben angeführten Stelle finden sich auch die Eigenschaften angegeben, welche dieser kirchliche Gesang haben müsse. Jeder solle in sich ein Chor werden, d. i. mit Gott und mit sich in Harmonie sein und so, wie der Apostel will, im Herzen dem Herrn lobsingen! Und ebenso soll die ganze Gemeinde in Einem Glauben und Einer Liebe in harmonischem Einklang der Herzen und Seelen sein und auf diese Weise „in der Liebe ein Chor werdend"[4], wie aus Einem Herzen und mit Einem Munde dem Vater durch Christum lobsingen. Dann gewährt der Vater sichere Erhörung.

Der Gesang wechselte mit Gebet. Ignatius spricht von Bitt-, Dank- und Lobgebet[5]. Das Bittgebet schloß auch die gegenseitige Fürbitte in sich. Er empfiehlt sich und seine durch seine Wegführung verwaiste Kirche in Antiochien wiederholt und dringendst der Fürbitte der Gemeinden Kleinasiens und schreibt dann das Aufhören der Verfolgung diesen Gebeten zu[6]. Namentlich bittet er um das Gebet der Kirche für sich selbst, damit er in der Liebe und Gnade des Herrn ausharre bis an's Ende und der Marterkrone theilhaftig werde. Er thut dies auch aus dem Grunde, weil er dem gemein-

---

1) *Ad Ephes.* c. 4. — 2) ᾆσμα Θεοῦ. 3) Matth. 26, 30; Mark. 14, 16; 1. Kor. 14, 25; Ephes. 5, 19; Koloss. 3, 16. — 4) Ἐν ἀγάπῃ χορὸς γενόμενοι. *Ad Rom.* c. 2. — 5) *Ad Magn.* c. 7. *Philad.* c. 10. — 6) *Ad Ephes.* c. 21. *Magn.* c. 14. *Trall.* c. 13. *Rom.* c. 9. *Philad.* c. 10. *Smyrn.* c. 11. *Polyc.* c. 7.

samen Gebete eine besondere Kraft zuschreibt. „Wenn aber," heißt es im Briefe an die Christen in Ephesus, „das Gebet des Einen und Anderen so große Kraft hat, um wie viel mehr das Gebet des Bischofs und der ganzen Kirche¹)."

Auch für die Sünder, die Häretiker und alle Menschen sollen die Gläubigen beten; denn auch für sie ist Hoffnung auf Bekehrung, „damit sie Gottes theilhaftig werden²)."

Weiter erfahren wir, daß der in der kirchlichen Gemeinschaft lebenden Gläubigen beim öffentlichen Gottesdienste namentlich gedacht wurde. Dies ist daraus abzunehmen, weil Ignatius das namentliche Gedenken der Irrlehrer in öffentlicher Versammlung verbietet³), weshalb auch er ihre Namen, obgleich er dringendst davor warnt, in seinen Briefen durchaus nicht anführen wollte⁴), da er wußte, daß diese, wie andere dergleichen Friedens- und Freundschaftsbriefe von Bischöfen und Kirchen an einander, beim Gottesdienste verlesen wurden⁵).

Die Veranstaltung und gottgefällige Feier des Gottesdienstes ist Sache der rechtmäßigen kirchlichen Vorsteher, des Bischofs. Das ist für Ignatius eine evidente Wahrheit, die sich aus der göttlichen Einsetzung und Autorität desselben von selbst ergibt⁶). Aus diesem Grunde haben die Gläubigen die Verpflichtung, dort und nur dort zum Gottesdienste sich einzufinden, wo er vom Bischof oder mit seiner Zustimmung gehalten wird. So ist es Anordnung und Gebot Christi⁷). Eigenmächtig und im Widerspruch mit dem Bischof die heiligen Handlungen der gottesdienstlichen Feier zu unternehmen, ist durchaus unstatthaft und sacrilegisch⁸); an einer separatistischen, häretischen gottesdienstlichen Feier Antheil zu nehmen, schwer sündhaft und Verderben bringend.

Diese für das praktische Christenleben so entscheidend wichtige Wahrheit schärft Ignatius immer wieder ein. „Unternehmet nichts," mahnt er die Magnesier, „ohne den Bischof und die Presbyter. Versucht es gar nicht, etwas als wohlgethan (gottgefällig) auszugeben,

---

1) *Ad Ephes.* c. 5. — 2) l. c. c. 10.
3) Πρέπον οὖν ἐστιν ἀπέχεσθαι τῶν τοιούτων, καὶ μήτε κατ᾽ ἰδίαν περὶ αὐτῶν λαλεῖν, μήτε κοινῇ. *Ad Smyrn.* c. 7.
4) Τὰ δὲ ὀνόματα αὐτῶν, ὄντα ἄπιστα, οὐκ ἔδοξέ μοι ἐγγράψαι. Ἀλλὰ μηδὲ γένοιτό μοι αὐτῶν μνημονεύειν, μέχρις οὗ μετανοήσωσιν εἰς τὸ πάθος, ὅ ἐστιν ἡμῶν ἀνάστασις. *Ad Smyrn.* c. 5.
5) *Hieron.* de vir. ill. c. 15. 17. — 6) S. oben S. 51. — 7) *Ad Magn.* c. 4. — 8) *Ad Smyrn.* c. 9.

was ihr eigenmächtig unternommen habt¹)." Vielmehr da soll die ganze Gemeinde zum Gottesdienste sich versammeln, wo der Bischof erscheint, denn die Schafe sollen dahin folgen, wo der Hirt ist²). Gerade bei der Feier des Gottesdienstes muß sich nämlich die lebendige Verbindung aller Glieder der Gemeinde mit dem Bischof und dadurch mit Christo und dem Vater manifestiren. Weil dies von der äußersten Wichtigkeit ist, deshalb dringt der heilige Bischof so sehr darauf, daß die gottesdienstlichen Versammlungen noch häufiger, d. i. vollzähliger besucht sein sollen³), und daß dabei Ein Gebet, Eine Bitte, Eine Gesinnung, Eine Hoffnung in Liebe und lauterer Freude⁴), ein so vollkommener Einklang der Herzen sei, daß sie wie mit Einer Stimme den Gesang Gottes singen: damit ihr Gottesdienst dem Vater wohlgefällig sei, und sie sichere Erhörung erlangen⁵).

Um seinen Mahnungen mehr Nachdruck zu geben, weist er auch auf die segensreichen Wirkungen hin, welche die Theilnahme am Gottesdienste mit sich bringt, sowie auf die schlimmen Ursachen, die dem Wegbleiben zu Grunde liegen, und auf die traurigen Folgen, die sich daraus für das Seelenleben der Gemeinde und der Einzelnen ergeben. Eine dieser segensreichen Wirkungen ist, wie schon erwähnt, die größere Kraft, die sichere Erhörung des Gebetes⁶). Da erhalten ferner der Glaube und die Liebe, diese beiden Grundtugenden des christlichen Lebens, immer wieder frische Kraft; da empfängt man das Brod der Unsterblichkeit und den Trank Gottes, das Fleisch und Blut des Herrn, zur Einigung mit ihm; da wird der Friede und die Eintracht genährt, Streit und Spaltung verhütet; denn da „werden die Kräfte des Satans gebrochen, und wird das Unheil, das er anstiftet, durch die Eintracht im Glauben aufgelöst⁷)." Wo Einigkeit im Glauben, da ist für Irrlehren keine Stätte⁸).

Im Hinblicke auf diese großen Vortheile für das sittliche und religiöse Leben muß es das eifrigste Bestreben eines jeden Gläubigen sein, unter allen Umständen dem Gebote des Herrn ge-

---

1) Μηδὲ ὑμεῖς ἄνευ τοῦ ἐπισκόπου καὶ τῶν πρεσβυτέρων μηδὲν πράσσετε. Μηδὲ πειράσητε εὔλογόν τι φαίνεσθαι ἰδίᾳ ὑμῖν. Ad Magn. c. 7.
2) Ad Smyrn. c. 8. Philad. c. 2. — 3) Ad Ephes. c. 13. — 4) Ad Magn. c. 7. — 5) Ad Ephes. c. 4. — 6) l. c. c. 5. — 7) l. c. c. 13. — 8) Ad Philad. c. 2. Trall. c. 7.

mäß zum gemeinsamen Gottesdienste sich einzufinden¹). Keiner darf da ferne bleiben. „Beeifert euch," ruft er den Ephesiern zu, „häufiger (vollzähliger) zu den Versammlungen zu kommen zur Eucharistie und zum Lobe Gottes²)." Er giebt ihnen sogar das Versprechen, den in seinem Briefe kurz angedeuteten Heilsplan Gottes ihnen in einem zweiten Briefe noch weiter darzulegen, wenn er Kunde erhält, daß sie Alle insgesammt Einer wie der Andere in der Gnade des Namens (Jesu) zu den gottesdienstlichen Versammlungen kommen in Einem Glauben und in Jesu Christo; daß sie zusammenkommen aus Gehorsam gegen ihren Bischof und ihre Priesterschaft in unauflösbarer Sinneseintracht³).

Ignatius war offenbar der Ueberzeugung, die er gewiß aus der Erfahrung gewonnen hatte, daß nur eine aufrichtige Hingebung an die Leitung des Bischofs und eine lebendige Anschließung an den gemeinsamen Gottesdienst, überhaupt an das gesammte kirchliche Leben den einzelnen Gläubigen vor dem Rückfall in die Sünde, vor den Kunstgriffen der Häretiker und den Bestrebungen des Satans, vor Häresie und Abfall zu schützen vermögen⁴). In dieser Ueberzeugung unterläßt er es nicht, an diese verhängnißvolle Eventualität zu erinnern und auf die traurigen Folgen aufmerksam zu machen, welche derjenige unausbleiblich zu gewärtigen hat, der da sich ferne hält. Die erste ist, daß ein Solcher des Brodes Gottes beraubt wird. Dadurch geht er der Arznei der Unverweslichkeit, des Gegenmittels gegen den Tod und des Unterpfandes des Lebens in Christo verlustig⁵). Aber nicht blos dieses. Er begeht auch eine Sünde. Er zeigt sich nämlich ungehorsam gegen Gott und gegen den Bischof und gibt darin eine hoffärtige, unkirchliche Gesinnung zu erkennen und seinen bereits erfolgten inneren Abfall und ist somit durch sich selbst gerichtet. „Wer innerhalb des Altares," d. i. wer am Opfer des Altares, das die rechtmäßigen kirchlichen Vorsteher darbringen, Antheil nehmen darf und wirklichen Antheil nimmt, „der ist rein; wer aber

---

1) Βεβαίως κατ' ἐντολὴν (sc. Θεοῦ καὶ Χριστοῦ) συναθροίζεσθαι. *Ad Magn.* c. 4. Der regelmäßige Besuch des Gottesdienstes beruht also auf einem besonderen Gebote. Auf die Feier desselben und die Spendung und den Empfang der Sacramente bezogen sich wohl auch die „Anordnungen der Apostel" (διατάγματα τῶν ἀποστόλων. *Ad Trall.* c. 7), an denen die Gläubigen unzertrennlich festhalten müssen.
2) *Ad Ephes.* c. 13. S. „Briefe d. heil. Ign." z. d. St. — 3) l. c. c. 20. — 4) *Ad Philad.* c. 2. 4. *Smyrn.* c. 8. — 5) *Ad Ephes.* c. 5.

außerhalb ist, das ist, wer ohne Bischof und Priester=
schaft und ohne Diakonen Etwas thut, der ist nicht rein
in seinem Gewissen¹)." „Wer demnach zum gemein=
samen Gottesdienste sich nicht einfindet, der ist bereits
hoffärtig und hat sich selbst das Urtheil gesprochen²).
Denn es steht geschrieben: Gott widersteht dem Hoffärtigen³)." „Laßt
uns daher eifrig bedacht sein, uns dem Bischof nicht zu widersetzen,
damit wir dadurch, daß wir gehorsam sind, Gott angehören⁴)."

§. 2.
Die Eucharistie als Opfer und Sacrament.

Den Mittelpunkt des kirchlichen Gottesdienstes bildete die Feier
der Eucharistie. Das bezeugt Ignatius unwiderleglich. Er hat sich
überhaupt über diesen wichtigen Lehrpunkt wiederholt und sehr deut=

---

1) Ὁ ἐντὸς θυσιαστηρίου ὢν καθαρός ἐστιν· ὁ δὲ ἐκτὸς θυσιαστηρίου ὢν
οὐ καθαρός ἐστιν· τοῦτ' ἔστιν ὁ χωρὶς ἐπισκόπου καὶ πρεσβυτερίου καὶ διακόνων πράσσων τι, οὗτος οὐ καθαρός ἐστιν τῇ συνειδήσει. Ad Trall. c. 7.
Daß „innerhalb des Altares sein" den angegebenen Sinn habe, ergibt sich aus
Ephes. c. 5, wo Ignatius sagt: „Wenn Einer nicht innerhalb des Altares ist,
so wird er des BrodesGottes beraubt," d. i. der Eucharistie, die auf dem Altare
als Opfer conficirt und von dort aus als Opferspeise (s. unt. 5. Kap. §. 2.) ge=
spendet wurde. Indem Ignatius selbst erläutert, was er mit „innerhalb des Altares
sein" sagen will, ist auch das „außerhalb des Altares" authentisch erklärt. Er
bezeichnet damit den „Abtrünnigen" und „Excommunicirten". Beide, der Ex=
communicirte wie der Abgefallene, hatten nicht mehr Zutritt zum Altare, zur
realen Theilnahme am Opfer; beide im höchsten Grade schuldbar („unrein"). Wie
aus diesen Worten ersichtlich ist, bildete der Altar den Mittelpunkt des kirch=
lichen Gottesdienstes, und das Opfer darauf den geheimnißvollen Einigungs=
punkt der Gemeinde. Ausschließung vom Hintritt zum Altare ist Ausschlie=
ßung aus der Kirchengemeinschaft, die Theilnahme am Opfer des Altares aber
der thatsächliche Beweis des wahren kirchlichen Gemeinschaftslebens. S. „Briefe
des Ignatius" S. 105. Zahn zeigt sich hier so befangen (a. a. O. S. 341),
daß er in diesem „Altar" keinen wirklichen Altar, sondern einen „bild=
lichen Ausdruck" sieht. S. unten 5. Kap. §. 2.

2) Ὁ οὖν μὴ ἐρχόμενος ἐπὶ τὸ αὐτό, οὗτος ἤδη ὑπερηφανεῖ, καὶ ἑαυτὸν
διέκρινεν. Ad Ephes. c. 5.

3) Sprüchw. 3, 34; Jak. 4, 6; 1. Petr. 5, 5.

4) Ἵνα ὦμεν Θεῷ ὑποτασσόμενοι. L. c. Θεῷ ist verbürgt und von ὑμῶν
regiert. S. *ad Philad.* c. 3. *Rom.* c. 7. Die „stringente Schlußfolge"
(Theol. Lit. Bl. a. a. O.) wird durch Θεοῦ — statt der Correctur Θεῷ — eher
verstärkt als geschwächt; denn wer dem Bischof unterwürfig ist, der gehört
Gott an.

lich ausgesprochen ohne Zweifel aus dem zweifachen Grunde, weil diese Lehre eine der wichtigsten christlichen Glaubenslehren ist, die ebenso wesentlich das religiöse Leben des einzelnen Christen, wie die Feier und Form des ganzen christlichen Gottesdienstes bestimmt; und dann, weil gerade auch sie nicht minder als die von der Gottheit und Menschheit des Erlösers und von der göttlichen Institution der kirchlichen Hierarchie von den damaligen Häretikern negirt und in Folge davon auch der ganze kirchliche Gottesdienst verworfen wurde.

Diese ihre Verwerfung war die unmittelbare Consequenz ihrer falschen Ansicht von der Person des Erlösers. Indem sie nämlich diesem sowohl die göttliche als auch die menschliche Natur absprachen und ihn für einen Aeon erklärten, der in einem himmlischen, ätherischen, oder auch in einem Scheinleibe erschienen sei, mußten sie nothwendig die wirkliche Gegenwart seines Leibes und Blutes in der Eucharistie leugnen; denn für sie gab es überhaupt kein wahres Fleisch und Blut des Herrn.

Das waren somit drei Fundamentalirrthümer der damaligen Häretiker, von denen der eine die ganze Lehre von der Person des Erlösers, der andere die Lehre von der Erlösung und von der Kirche, und der dritte den ganzen kirchlichen Gottesdienst alterirte und zerstörte.

Wie darum Ignatius die gottmenschliche Würde des Erlösers und die göttliche Einsetzung des kirchlichen Vorsteherthums auf das entschiedenste und kräftigste lehrt und bezeugt: ebenso kräftig und entschieden lehrt und bezeugt er auch die wahrhafte Gegenwart des Herrn in der Eucharistie. Diese drei Lehrpunkte stehen überhaupt in einem wesentlichen Zusammenhang. Denn der Glaube an die Wunderkraft der Consecration hat den Glauben an die Ordination und göttliche Gewalt des Priesterthums und zugleich an die Incarnation des göttlichen Logos zur nothwendigen Voraussetzung. In der Consecration stellen sich die drei großen Geheimnisse, Incarnation, Opfertod, Auferstehung des Herrn, die nach Ignatius das Wesen und die Auszeichnung des Christenthums vor dem Judenthum ausmachen[1]), in geheimnißvoller Weise real dar. Sie ist daher in diesem Sinne der Schlußstein im geistigen Gebäude der gesammten Christologie.

Das entging dem erleuchteten Blicke des Gottesträgers Ignatius

---

1) Ad Philad. c. 9.

nicht; daher das große Gewicht, das er auf diesen Lehrpunkt legt. Seine Aussprüche darüber sind in der That so bestimmt und inhaltreich, daß uns in denselben die ganze kirchliche Lehre von der Eucharistie in ihren Grundzügen entgegentritt.

Sehen wir zunächst, unter welchen Namen dieses Geheimniß bei unserem Apostelschüler vorkommt, so ist bemerkenswerth, daß bei ihm zuerst in der christlichen Literatur zur Bezeichnung der sacramentalen Gegenwart des Herrn und der kirchlichen Feier des Geheimnisses der Ausdruck „Eucharistie"[1]) sich findet. Ignatius ist somit der Erste, der diesen Ausdruck in dieser Bedeutung und zwar wiederholt gebraucht. Er begegnet uns in seinen Briefen in diesem specifischen Sinne nicht weniger als viermal[2]). Da Ignatius sich desselben als eines bereits gemeinverständlichen und allgemein üblichen bedient, so ist die Annahme berechtigt, daß der Gebrauch dieses Wortes mit dieser specifischen Bedeutung aus der Zeit der Apostel selbst herstamme.

Außer dieser bedient er sich noch anderer Bezeichnungen. Er nennt das heilige Geheimniß auch „das Brod Gottes", „das Brod der Unsterblichkeit", „das Himmelsbrod", „das Brod des Lebens", „das Fleisch Jesu Christi"[3]), „den Kelch zur Vereinigung mit seinem Blute", „den Trank Gottes", „das Liebesmahl"[4]). Die Communion oder den Empfang des Leibes und Blutes des Herrn nennt er „den Empfang der Eucharistie", „das Brodbrechen"[5]). Diese Benennungen geben uns bereits einen Einblick in seine Lehre.

Weiter findet sich bei Ignatius das wichtige Zeugniß, daß zur rechtmäßigen und giltigen Verwaltung der Eucharistie nicht jeder Gläubige befugt sei, sondern nur der Bischof und der vom Bischof mit diesem Amte Betraute, d. i. der Presbyter, der mit seinem Bischof in Gemeinschaft steht. Seine Worte haben wir bereits angeführt: „Niemand thue Etwas in Dingen, die zur Kirche gehören, ohne den Bischof. Jene Eucharistie werde für giltig ange-

---

1) Εὐχαριστία = Danksagung, genannt, im Hinblicke auf die Danksagung des Herrn bei der Einsetzung des heiligen Abendmahles — καὶ λαβὼν ἄρτον. εὐχαριστήσας ἔκλασεν. Luk. 22, 19 — und weil sie selbst der gottgefälligste, heiligste Dankact ist.
2) *Ad Ephes.* c. 13. *Philad.* c. 4. *Smyrn.* c. 7 et 8.
3) *Ad Ephes.* c. 5 et 20. *Rom.* c. 7. — 4) *Ad Rom.* c. 7. *Philad.* c. 4. — 5) *Ad Ephes.* c. 20. *Philad.* c. 4.

sehen, welche von dem Bischof vollbracht wird, oder von demjenigen, den er damit betraut hat¹)." Der Bischof und Priester, auch der Diakon in seinem Amte, vertreten nach der Lehre des Ignatius die Person Jesu Christi und sind die Träger einer göttlichen Gewalt, die ihnen kraft seines eigenen Willens nach dem Rathschlusse des Vaters im heiligen Geiste verliehen wird. Nur kraft dieser göttlichen Gewalt können der Bischof und Priester bewirken, daß in der Consecration der Leib und das Blut Christi wirklich gegenwärtig werden, daß die Eucharistie rechtmäßig und giltig sei.

Nach Ignatius gibt es daher nur Eine Eucharistie, d. i. eine rechtmäßig vollbrachte, consecrirte, weil es nur Einen rechtmäßigen Bischof in jeder Gemeinde, nur Eine wahre Menschheit Jesu Christi gibt²). Er will damit sagen: Jede andere Feier der Eucharistie, d. i. im Widerspruche gegen den Bischof, also im Gegensatz gegen die Ordnung Gottes in der Kirche, ist entweder unwirksam, indem es demjenigen, der sie unternimmt, an der nothwendigen Gewalt fehlt, wenn er nicht Priester ist, oder sie ist unerlaubt, sacrilegisch, weil sie im Widerspruch gegen den Bischof, den sichtbaren Stellvertreter Gottes, den von ihm bestellten Sachwalter im Hauswesen der Kirche, geschieht. Der Segen verkehrt sich da in Fluch, der Gottesdienst wird zum Teufelsdienst³).

Aus dem bisher Angeführten erhellt die eminente Bedeutung, welche die Eucharistie, ihre kirchliche Feier und ihr Empfang in den Augen des Ignatius hat. Noch mehr wird dies der Fall sein, wenn wir nun seine Lehre nach seinen verschiedenen Aussprüchen darüber näher darlegen.

Eine der inhaltreichsten und wichtigsten Stellen enthält sein Brief an die Kirche in Smyrna. Da heißt es von den damaligen Irrlehrern und ihren Anhängern: „Sie halten sich von der Eucharistie und dem Gebete" (d. i. dem gemeinsamen, öffentlichen Gottesdienste) „ferne, weil sie nicht bekennen, daß die Eucharistie sei das Fleisch unseres Heilandes Jesu Christi, dasselbe, welches für unsere Sünden gelitten hat, und welches der Vater in seiner Güte auferweckt hat. Sie, die der Gnadengabe Gottes widersprechen, sterben da-

---

1) *Ad Smyrn.* c. 8. S. oben S. 52. — 2) *Ad Philad.* c. 4. — 3) *Ad Smyrn.* c. 9.

her, während sie miteinander darüber Untersuchungen anstellen. Es wäre aber gut für sie zu lieben, damit auch sie auferständen¹)." Mit diesen Worten spricht unser apostolischer Lehrer ebenso kurz als präcis die Lehre der Kirche von der Eucharistie aus. Wir müssen daher diese Sätze genauer und jeden einzeln in's Auge fassen.

Zunächst ist hiemit das Faktum berichtet, daß die Häretiker aus dem Grunde von der Feier der Eucharistie und von dem gemeinsamen Gottesdienste sich ferne hielten, weil sie die wirkliche Gegenwart des Leibes und Blutes des Herrn in derselben negirten. Ihr Verfahren war, wie schon erwähnt, die praktische Anwendung ihrer falschen Doctrin. Ferner ist damit auch bezeugt, daß damals ebenso, wie jetzt noch, der gemeinsame kirchliche Gottesdienst in der Feier der Eucharistie als dem Hauptacte desselben bestand, daß es somit nicht allein allgemeines Glaubensbekenntniß war, es sei der Leib des Herrn in der Eucharistie gegenwärtig, sondern daß dieser Glaube in der Feier des Gottesdienstes auch seinen thatsächlichen Ausdruck und seine reale Verwirklichung hatte. Der Glaube an die wahrhafte Gegenwart des Herrn und die ganze Thatsache der eucharistischen Feier schloß aber auch den Glauben an die geheimnißvoll wirkende Kraft der Consecration und, da diese nur wirksam der Bischof und der Priester vollbringen konnte, auch an die besondere Weihekraft der Ordination, somit an die Würde des speciellen Priesterthums in sich.

Von großer Bedeutung ist der folgende Satz: daß die Eucharistie sei das Fleisch unseres Heilandes Jesu Christi. Damit ist die wahrhafte Gegenwart des Leibes des Herrn im Sacramente bestimmt und klar bezeugt. Denn bei Ignatius hat „sein" (εἶναι) immer seine eigentliche Bedeutung. Somit haben wir hier von dem berühmten Apostelschüler und von dem von den Aposteln

---

1) Εὐχαριστίας καὶ προσευχῆς ἀπέχονται, διὰ τὸ μὴ ὁμολογεῖν τὴν εὐχαριστίαν σάρκα εἶναι τοῦ σωτῆρος ἡμῶν Ἰησοῦ Χριστοῦ, τὴν ὑπὲρ τῶν ἁμαρτιῶν ἡμῶν παθοῦσαν, ἣν τῇ χρηστότητι ὁ πατὴρ ἤγειρεν. Οἱ οὖν ἀντιλέγοντες τῇ δωρεᾷ τοῦ θεοῦ συζητοῦντες ἀποθνήσκουσιν. Συνέφερε δὲ αὐτοῖς ἀγαπᾶν, ἵνα καὶ ἀναστῶσιν. Ad Smyrn. c. 7. Die Auferstehung des Herrn wird in der heiligen Schrift bald dem Sohne zugeschrieben und dann „Auferstehung" genannt, bald dem Vater und heißt dann „Auferweckung", d. i. des Leibes Christi. An diesen Sprachgebrauch schließt sich auch Ignatius an. S. ad Rom. c. 6. Smyrn. c. 2 et 7.

selbst eingesetzten hochangesehenen Bischof ein laut redendes Zeugniß, daß auch die Einsetzungsworte des Herrn in diesem und keinem anderen Sinne zu verstehen seien. Verbinden wir mit diesem seinem Ausspruche den Ausdruck, der Empfang der Eucharistie sei ein „Brodbrechen", so haben wir hier auch eine authentische Erklärung eines Apostelschülers, daß auch jenes „Brodbrechen", von dem in der Apostelgeschichte und im ersten Korintherbriefe die Rede ist[1]), den sacramentalen Genuß des Fleisches des Herrn in Brodesgestalt bezeichne.

Weiter wird das eucharistische Fleisch des Heilandes bezeichnet als dasselbe, welches am Kreuze für unsere Sünden gelitten hat, und welches der Vater in seiner Güte auferweckt hat. Mit diesen Worten ist die Identität des eucharistischen Leibes ausgesprochen, a) mit dem am Kreuze für unsere Sünden hingeopferten, und b) mit dem in der Herrlichkeit der Verklärung vom Vater auferweckten.

So wenig diese Worte, so tief ist ihr Sinn und groß ihre Tragweite. Unmittelbar folgt daraus der Opfercharakter der Eucharistie. Ist nämlich der eucharistische Leib des Herrn der nämliche, wie derjenige, welcher am Kreuze geopfert worden, so ist er als Opferleib gegenwärtig, und es ist die Eucharistie ein Opfer, und zwar ein Sühnopfer für die Sünden; denn es heißt ausdrücklich: es ist das nämliche Fleisch, **das für unsere Sünden gelitten,** d. i. geopfert worden ist. Wie nun das Kreuzopfer ein Sühnopfer gewesen für unsere, und nicht allein für unsere Sünden, sondern auch für die Sünden der ganzen Welt[2]): so ist auch das eucharistische Opfer ein Sühnopfer, weil es dem Wesen, dem Opfergegenstande nach dasselbe Opfer ist, wie das Opfer am Kreuze. Demnach stellt sich nach der Lehre des Apostelschülers Ignatius das Kreuzopfer im Meßopfer real dar, setzt sich in diesem jenes wirklich in permanenter Gegenwart fort, indem es durch den Act der Consecration, durch die wunderbare Gegenwärtigsetzung des am Kreuze geopferten Leibes des Heilandes in die Gegenwart hereintritt, aber in einer Erscheinungsweise, daß die reale Theilnahme an dem Kreuzopfer durch den wahrhaften Genuß des Opferleibes des Erlösers ermöglicht wird.

Daß Ignatius die Eucharistie als Opfer aufgefaßt wissen wollte, erhellt auch daraus, daß es nicht ein Tisch ist, sondern der Altar,

---

1) Apg. 2, 42. 46; 20, 7. 11; 1. Kor. 10, 16. Vgl. Matth. 26, 26.
2) 1. Joh. 2, 2.

der Opferaltar, um den sich, wie um einen heiligen Mittelpunkt, gemäß seiner Darstellung die ganze christliche Gemeinde beim Gottesdienste versammelt. Nachdrücklichst dazu ermahnend, schreibt er an die Kirche zu Magnesia: „**Kommet Alle zusammen**" (zum Gottesdienste) „wie in **Einen Tempel Gottes**, wie zu **Einem Altare**, wie zu Einem Jesu Christo, der von dem Einen ausgegangen und in d'em Einen ist und zu ihm zurückgekehrt ist¹)." Und an die Philadelphier: „Beeifert euch, Eine Eucharistie zu empfangen; denn es ist nur Ein Fleisch unseres Herrn Jesu Christi und Ein Kelch zur Vereinigung mit seinem Blute, **Ein Altar**, wie Ein Bischof²)." Ignatius hebt hier die Einheit besonders hervor, weil es für ihn, wie bereits erwähnt, nur Eine giltige und gottgefällige Feier der Eucharistie gibt, die nämlich, welche der Bischof oder der von ihm damit betraute Presbyter vollbringt, weil daher jede andere mißbräuchlich, unheilig und sacrilegisch ist. Nur an jener Einen sollen die Gläubigen theilnehmen, von jeder anderen wie von einem Teufelsdienste sich ferne halten. Den Ephesiern ruft er zu: „Es täusche sich Niemand! Wenn Einer nicht innerhalb des **Altares** ist, so wird er des Brodes Gottes beraubt³)." „Brod Gottes" ist die Eucharistie, die auf dem Altare vollbracht und als Opferspeise von dort aus an die Gläubigen gespendet wurde und wird.

Das eucharistische Opfer ist somit nach Ignatianischer Darstellung auch ein Speiseopfer. Wer zum Altare nicht mehr Zutritt hatte, der war vom Opfer und Opfermahle ausgeschlossen, wie der Apostel sagt: „Wir haben einen Altar, von dem nicht essen dürfen, die der Stiftshütte dienen⁴)." Es waren dies die Ungläubigen, die Katechumenen, die öffentlichen Pönitenten und die Excommunicirten. Allen diesen war der Zutritt zum Altare versagt; sie Alle gingen darum des Brodes Gottes verlustig.

---

1) Πάντες οὖν ὡς εἰς ἕνα ναὸν συντρέχετε Θεοῦ, ὡς ἐπὶ ἓν θυσιαστήριον, ὡς ἐπὶ ἕνα Ἰησοῦν Χριστόν, τὸν ἀφ' ἑνὸς προελθόντα, καὶ εἰς ἕνα ὄντα καὶ χωρήσαντα. *Ad Magn.* c. 7.

2) Σπουδάσατε οὖν μιᾷ εὐχαριστίᾳ χρῆσθαι· μία γὰρ σάρξ τοῦ κυρίου ἡμῶν Ἰησοῦ Χριστοῦ καὶ ἓν ποτήριον εἰς ἕνωσιν τοῦ αἵματος αὐτοῦ, ἓν θυσιαστήριον, ὡς εἷς ἐπίσκοπος. *Ad Philad.* c. 4.

3) Μηδεὶς πλανάσθω· ἐὰν μή τις ᾖ ἐντὸς τοῦ θυσιαστηρίου, ὑστερεῖται τοῦ ἄρτου τοῦ Θεοῦ. *Ad Ephes.* c. 5.

4) Hebr. 10, 10.

Das eucharistische Fleisch des Heilandes ist aber nicht blos dasselbe, welches für unsere Sünden gelitten hat, es ist auch das nämliche, welches der Vater in seiner Güte auferweckt hat. Dieser Satz schließt die Ignatianische Lehre von der Eucharistie ab. Sie faßt folgende Momente in sich: a) die Eucharistie ist der wahre Leib Jesu Christi; b) dieser Leib ist derselbe, welcher für unsere Sünden am Kreuze gelitten hat und geopfert worden ist; die Eucharistie ist somit ein Opfer, ein Sühnopfer, wie das Opfer am Kreuze; c) dieses Opfer wird als „Brod Gottes" vom Altare aus genossen; das eucharistische Opfer ist also auch eine Speiseopfer, ein Opfermahl. Dazu kommt nun diese vierte nähere Bestimmung: d) der für die Sünden geopferte Leib des Herrn ist nicht in seiner natürlichen Seinsweise als eucharistischer Leib gegenwärtig, so wie er am Kreuze geopfert worden als leidensfähiger und sterblicher Leib, sondern in derjenigen, in welcher ihn sein Vater auferweckt hat, d. i. im Zustande der Leidensunfähigkeit und Unsterblichkeit, der Verklärtheit[1]).

So ist demnach die eucharistische Opferfeier die wirkliche Darstellung des Kreuzesopfers, aber in unblutiger Weise, indem dieses Opfer dem Wesen nach dargestellt und in so ferne erneuert wird, ohne daß der Herr wirklich leidet und stirbt[2]).

Wie wir sehen, legt Ignatius mit den Worten, die wir im Bisherigen erläutert haben, ein eben so klares als gewichtiges Zeugniß für die wirkliche Gegenwart des Herrn in der Eucharistie und deren

---
1) Ad Ephes. c. 7. Trall. c. 9.
2) Diese äußerst wichtige Stelle, die wir in der bisherigen Erörterung erläutert haben, weil sie den Kern der Ignatianischen Lehre von der Eucharistie bildet, läßt Zahn (a. a. O. S. 388 ff.) ganz unberücksichtigt, beschäftigt sich nur mit den beiden Ausdrücken εὐχαριστία und προσευχή, aus denen er, wie er gesteht, „nicht ohne exegetische Mühe" die bereits erwähnte Zweitheilung des damaligen Gottesdienstes in Morgen- und Abendgottesdienst ableiten will. Weil er im Uebrigen den Inhalt der Stelle gänzlich ignorirt, so sagt er auch keine Silbe von Opfercharakter der Eucharistie, — ein wesentliches Gebrechen seiner Darstellung der Ignatianischen Lehre hierüber und des damaligen Gottesdienstes. Aus den eben angeführten Stellen ergibt sich auch klar, daß Ignatius von einem wirklichen und nicht, wie Zahn meint, von einem bildlichen Altare rede; denn zu einem bildlichen Altare kann man nicht „zusammenkommen", wie denn auch die übrigen darin vorkommenden Ausdrücke, Kelch, Christus, Bischof, Tempel, sämmtlich in ihrer eigentlichen Bedeutung genommen sind.

Opfercharakter ab. Wir sehen aber auch, daß die katholische Lehre in diesem so wichtigen Glaubenspunkte die apostolische ist; denn was der berühmte Schüler des Johannes und zweite Nachfolger des Petrus als Bischof von Antiochien in einem öffentlichen Sendschreiben als sein Glaubensbekenntniß ausspricht und der Christengemeinde in Smyrna nachdrücklichst an's Herz legt, das ist noch immer genau die Lehre und der Glaube der katholischen Kirche[1]).

Wie Ignatius in der eucharistischen Opferfeier den Mittelpunkt des ganzen kirchlichen Gottesdienstes erkennt, so sieht er darin auch das Grundgeheimniß des Glaubens und der Liebe. Er geht in dieser Auffassung so weit, daß er das Fleisch des Herrn geradezu „Glaube" und sein Blut „Liebe" nennt. Er thut dies im Briefe an die Trallier, indem er diese also ermahnt: „Ihr also nehmet immer wieder die Sanftmuth an, stärkt euch immer wieder im Glauben, der da ist das Fleisch des Herrn, und in der Liebe, die da ist das Blut Jesu Christi[2])."

Diese Worte bedürfen einer Erläuterung, da es immerhin eine ungewöhnliche Ausdrucksweise ist, wenn das Fleisch des Herrn der Glaube, und sein Blut die Liebe genannt wird, obgleich sie der concreten Denkweise und plastischen Darstellung des Ignatius ganz entsprechend ist[3]). Sie erklärt sich aus der Natur der beiden Geheimnisse, nämlich der Menschwerdung und des Kreuzestodes des Erlösers, die damit zunächst bezeichnet sind.

Die Menschwerdung des Herrn ist das erste Grunddogma des Christenthums, der Anfang und das Fundament des christlichen Glaubens. Ihm gegenüber steht die wunderbare Thatsache der Auferstehung oder die Verherrlichung des Menschensohnes in göttlicher Glorie zum Beweise der in seinem Opfertode wirklich vollbrachten Erlösung. Die

---

1) Conc. Trid. sess. 13 et 22.
2) Ὑμεῖς οὖν τὴν πραϋπάθειαν ἀναλαβόντες ἀνακτίσασθε ἑαυτοὺς ἐν πίστει, ὅ ἐστιν σὰρξ τοῦ κυρίου, καὶ ἐν ἀγάπῃ, ὅ ἐστιν αἷμα Ἰησοῦ Χριστοῦ. Ad Tralle. 8.
3) Sie kommt bei ihm noch einmal beinahe wörtlich vor (ad Rom. c. 7. S. unten S. 92). Aehnliche Gleichstellungen an sich verschiedener Begriffe sind: Τὸ πάθος, ὅ ἐστιν ἡμῶν ἀνάστασις. Ad Smyrn. c. 5. Zu seiner concreten Ausdrucksweise gehört auch, daß er das „Fleisch" des Herrn „Evangelium" nennt: Προσφυγὼν τῷ εὐαγγελίῳ ὡς σαρκὶ Ἰησοῦ. Ad Philad. c. 5; daß er die christliche Gemeinde und die ganze Kirche die „Liebe" (ἀγάπη) nennt. S. oben S. 66.

Auferstehung ist daher die göttliche Besiegelung des christlichen Glaubens. Zwischen beiden, der Menschwerdung und Auferstehung des Herrn, liegt seine sichtbare Erlösungsthätigkeit als Lehrer, Priester und König, das Werk der Erlösung der Welt durch seinen Opfertod am Kreuze. Beide Geheimnisse oder göttlichen Thatsachen umschreiben somit den Kreis der christlichen Glaubensgeheimnisse, in denen die eigentliche Erlösungsthätigkeit des Gottmenschen während seiner sichtbaren Erscheinung auf Erden bestand. Darum sagt Ignatius, das Evangelium, d. i. das Christenthum, habe als seine Auszeichnung, als seinen wesentlichen Vorzug vor dem Judenthum die Erscheinung des Herrn, sein Leiden und seine Auferstehung[1]).

In dem Opfer der Eucharistie nun sind, wie bereits angedeutet, diese drei großen Geheimnisse oder göttlichen Thatsachen der Erlösung, die Menschwerdung, der Kreuzestod und die Auferstehung, in Ein großes Gnadengeheimniß zusammengefaßt: die Menschwerdung, weil darin der wahre Leib des Herrn gegenwärtig ist; der Kreuzestod, weil er als geopferter, und die Auferstehung, weil er als verklärter zugegen ist. Der Glaube an das Mysterium der Eucharistie hat somit den Glauben an die Menschwerdung, an den Opfertod am Kreuze und an die Auferstehung des Erlösers zu seiner Voraussetzung und zu seinem wesentlichen Inhalte, so daß in diesem Glauben der Glaube an die Person des Gottmenschen überhaupt und an sein ganzes gottmenschliches Erlösungswerk insbesondere beschlossen, sie als das Ziel und Siegel desselben zu betrachten ist. Das Geheimniß der Eucharistie als die immerwährende sacramentale Gegenwart des Welterlösers auf Erden und die stete mystische, aber wirkliche Erneuerung oder Darstellung seines Opfertodes und Bezeugung seiner Auferstehung und Verklärung kann somit in der That das, das ganze Erlösungswerk in sich schließende, alle anderen christlichen Glaubensgeheimnisse in sich fassende Geheimniß des christlichen Glaubens und sofort geradezu, concret genommen, „Glaube" genannt werden.

Wie Ignatius das Fleisch des Herrn „Glaube", so nennt er sein Blut „Liebe". Auch dies hat seinen tiefen Sinn. Das Blut Jesu Christi, das im eucharistischen Geheimniß gegenwärtig ist, erinnert speciell an seinen Opfertod am Kreuze, wo es für die Sünder der Welt vergossen worden ist. In dem Opfertode des Gottmenschen aber hat sich die göttliche Liebe in ihrer unendlichen Fülle manifestirt;

---

[1]) *Ad Philad.* c. 9.

„denn so sehr hat Gott die Welt geliebt, daß er seinen eingeborenen Sohn dahingab, damit Alle, die an ihn glauben, nicht verloren gehen, sondern das ewige Leben haben¹)." Das eucharistische Opfer als unblutige Gegenwärtigsetzung des Opfers am Kreuze ist daher auch das wunderbarste Denkmal der göttlichen Liebe in der Welt. Und da das am Kreuze vergossene, im eucharistischen Opfer gegenwärtige Blut des Gottmenschen es ist, in welchem diese göttliche Liebe sich direct und ganz besonders darstellt, so kann dieses vorzugsweise das Sacrament der göttlichen Liebe, das Mahl der Liebe²), und die Liebe selbst im concreten Sinne, wie auch Gott die Liebe heißt, genannt worden.

Das Mysterium der Eucharistie — der in ihr gegenwärtige glorificirte Gottmensch ist somit das Alles umfassende Central- und Schlußgeheimniß des christlichen Glaubens; es ist aber zugleich auch, als in sich fassend das für die Sünden der Welt vergossene Opferblut des Lammes Gottes, das wunderbarste Denkmal der göttlichen Liebe. An diesem Geheimnisse erprobt sich daher auch der Glaube und die Liebe zum Erlöser von Seite des einzelnen Christen und der ganzen Christenheit. Im wiederholten Genusse des Fleisches und Blutes des Herrn empfangen der Glaube und die Liebe, in denen das übernatürliche Leben besteht³), ihre nothwendige himmlische Nahrung. Daher die Ermahnung des Ignatius dazu.

An diesem Glauben und an dieser Liebe hatten die Häretiker jener Zeit Schiffbruch gelitten. Sie verwarfen die Menschwerdung, den Opfertod und die Auferstehung des Herrn und sofort auch die Consecration und das ganze Geheimniß seiner eucharistischen Gegenwart. An die Stelle des Glaubens war ein kritisirendes Raisonnement und eine daraus hervorgehende Negation und Opposition getreten, welche das göttliche Geheimniß zerstörte und die gnadenvolle Realität als Schein und Täuschung hinstellte. So hatte die Liebe, wie kein wirkliches Denkmal in der Kirche, auch keine Stätte mehr in den Herzen dieser Häretiker. Mit dem Erlöschen des Lichtes des Glaubens war in ihnen auch die Flamme der Liebe erstorben. Daher bezeichnet Ignatius auch anderwärts den Mangel thatkräftiger Liebe als ein charakteristisches Kennzeichen der Häretiker⁴).

---
1) Joh. 3, 16. — 2) Ἀγάπη ἄφθαρτος. *Ad Rom.* c. 7. — 3) *Ad Ephes.* c. 14.
4) So schreibt er an die Kirche in Smyrna: „Betrachtet aber diejenigen, welche in Bezug auf die Gnade Jesu Christi, die zu uns gekommen ist, anders

Aber diese Verwerfung des Erlösers und seiner Gegenwart im Sacramente hatte ihre eigene Verwerfung, das ist, den geistigen Tod zur nothwendigen Folge. Denn „wer nicht liebt, der bleibt im Tode," schreibt der Apostel[1]). Ignatius spricht dies mit den bezeichnenden Worten aus: „Sie, die der Gnadengabe Gottes" — der Eucharistie — „widersprechen, sterben daher, während sie mit einander darüber Untersuchungen anstellen." Diese Häretiker kamen vor lauter Untersuchung und Streit darüber, ob der Leib des Herrn wirklich in der Eucharistie gegenwärtig sei, nicht zur Erkenntniß, nicht zum Glauben an das große Geheimniß der Liebe und darum auch nicht zur dankbaren Gegenliebe; in Folge davon hielten sie sich von der Feier und dem Empfange desselben ferne und beraubten sich dadurch selbst des Brodes des Lebens und blieben im Tode.

Was Ignatius von den Irrlehrern seiner Zeit sagt, bestätigt die Geschichte aller Jahrhunderte. Es wird immer kritisch untersucht und geforscht. Dabei fehlt es aber an der Liebe, an der Liebe zur Wahrheit, zu dem, der im Sacramente der Liebe wesentlich gegenwärtig ist.

Ihnen den einfachsten und nächsten Weg zum Heile zu zeigen, fügt Ignatius die schönen, beherzigenswerthen Worte bei: „**Es wäre aber auch gut für sie zu lieben, damit sie auch auferstünden.**" Er will sagen: Nicht auf dem Wege kritischen Forschens und polemischen Disputirens kommt man zum Glauben an dieses Geheimniß; es ist ja ein Alles überragendes Wunder göttlicher Erbarmung und Liebe. Die Liebe hat es vollbracht und gegeben, die Liebe, die Gott selbst ist, ist darin gegenwärtig. Nur die Liebe kann es fassen und verstehen. Sie, die es bisher nicht angenommen, sollen daher anfangen, den Streit darüber ruhen lassend, Christum, der für uns Mensch geworden, am Kreuze gestorben ist und im Opfer des Altares ein sichtbares Denkmal seiner unbegrenzten Liebe und immerwährenden Gegenwart unter uns gestiftet hat, zu lieben. Die Liebe wird sie diesem Geheimnisse immer näher bringen, wird sie zum lebendigen

---

deuten, wie sie der Meinung Gottes entgegen sind: Um die Liebe kümmern sie sich nicht (περὶ ἀγάπης οὐ μέλει αὐτοῖς), nicht um eine Wittwe, nicht um eine Waise, nicht um einen Bedrängten, nicht um einen Gefangenen oder aus dem Gefängnisse Entlassenen, nicht um einen Hungernden oder Durstenden." *Ad Smyrn. c. 6.*

1) 1. Joh. 3, 14.

Glauben an dasselbe und dann zur Theilnahme am Opfer und zum Empfange der Eucharistie selbst führen, und so werden sie in ihm die Möglichkeit erhalten, daß auch sie auferstehen[1]).

Mit diesem Worte „auferstehen", bezeichnet Ignatius die Wirkungen des Genusses der Eucharistie. Es ist das ein sehr vielsagendes Wort; denn wir haben es sowohl vom geistigen als leiblichen Tode zu verstehen. Zunächst meint er das Auferstehen vom geistigen Tode. Die Häretiker widersprechen der Gottesgabe der Eucharistie und sind in Folge dieser Leugnung und praktischen Mißachtung im Stande der Sünde des thatsächlichen Unglaubens. Die Liebe zum Erlöser würde aber in ihnen den Glauben an seine Gegenwart im Sacramente und damit auch das übernatürliche Leben der Gnade erwecken, dessen Anfang der Glaube und Vollendung die Liebe ist. Glaube und Liebe würden sie dann immer wieder zum Genusse der eucharistischen Lebensspeise führen, und so empfingen sie auch das Unterpfand der leiblichen Auferstehung.

Daß Ignatius auch diese, die leibliche Auferstehung als eine Wirkung der Eucharistie hervorheben wollte, liegt schon in der Allgemeinheit des gebrauchten Ausdrucks als seinem eigentlichen und nächsten Sinne. Dann ergibt sich dies aus dem Zusammenhange und aus anderen Stellen seiner Sendschreiben.

Er redet in der fraglichen Stelle von den Doketen, welche nicht blos die Auferstehung des Herrn, sondern die Auferstehung des Leibes überhaupt leugneten, weil sie die materiellen Leiber als etwas Böses ansehen. Daher stellt ihnen Ignatius vor, daß sie in der That nicht wahrhaft leiblich auferstehen werden. „Wie sie", sagt er, „vom Herrn denken, daß er ein körperloser Geist" — daß seine Menschwerdung, sein Tod und seine Auferstehung u. s. w. nur Schein gewesen — „so wird es bei ihnen der Fall sein, körperlos und

---

1) Andere übersetzen das ἀγαπᾶν in unserer Stelle mit „das Liebesmahl halten", und verstehen darunter, da die Auferstehung als die Wirkung davon bezeichnet wird, den Empfang der Eucharistie selbst. Es kommt auf denselben Sinn hinaus. Ich glaubte aber die Uebersetzung „lieben" vorziehen zu müssen, weil ja Ignatius im vorausgehenden Kapitel es den Häretikern zum größten Vorwurfe macht, daß sie keine Liebe haben, auf die doch Alles ankommt. „Alles kommt auf den Glauben und die Liebe (ἀγάπη) an," schreibt er Kap. 6, „die über Alles gehen. Betrachtet aber diejenigen" ... S. 86. Note 4.

dämonisch zu sein¹)". Ignatius ist weit entfernt, die Auferstehung der Leiber der Gottlosen und Häretiker mit diesen Worten in Abrede zu stellen, er will damit nur sagen: Ihre Leiber werden zwar auferstehen, aber sie werden nicht verwandelt, nicht verklärt werden zur Aehnlichkeit der Herrlichkeit des Leibes Christi²). Die Gottlosen werden an der Herrlichkeit des Gottmenschen, weil sie ihn jetzt verleugnen, keinen Antheil haben; im Gegentheile werden sie, da sie nicht überkleidet werden mit dem vergeistigten, glorificirten Lichtleibe, entblößt und entehrt und häßlich sein, dunklen, finstern Schatten, den Dämonen gleichen, indem sie deren Wesen an sich tragen. Die dämonische Finsterniß und Häßlichkeit wird auch ihren auferweckten Leib wie ihre Seele durchdringen und ihn so zu einer dämonischen, geisterhaften Gestalt des Schreckens und Entsetzens machen. Die leibliche Auferstehung der Gottlosen wird in der That nur eine scheinbare sein, da sie im geistigen Tode verbleiben, und ihre auferweckten Leiber nicht in das Leben, sondern nur aus dem zeitlichen Tode in den ewigen Tod versetzt werden.

Bei den Gläubigen dagegen verhält sich die Sache ganz anders. Ihre Leiber werden auferweckt und **verwandelt** werden zur Aehnlichkeit mit der Herrlichkeit des verklärten Leibes des Erlösers. Denn sie sind mit Christo in Glauben und Liebe vereinigt; sie tragen sein unsterbliches Leben in sich; sie empfangen im Genusse der Eucharistie das Unterpfand einer glorreichen Auferstehung, weil sie die unsterbliche Substanz seines verklärten Leibes in sich aufnehmen. Deßhalb nennt Ignatius das eucharistische Lebensbrod geradezu ein Heilmittel der Unsterblichkeit, ein Gegenmittel gegen den Tod und ein Unterpfand des Lebens in Jesu Christo. Er schreibt an die Ephesier, daß es ihn ganz besonders freuen werde, wenn er erfahre, daß alle ohne Ausnahme zu den gottesdienstlichen Versammlungen zusammenkommen aus Gehorsam gegen den Bischof und ihre Priesterschaft in unauflösbarer Sinneseintracht, "**Ein Brod brechend, welches ist ein**

---

1) Ὥσπερ ἄπιστοί τινες λέγουσι, τὸ δοκεῖν αὐτὸν πεπονθέναι, αὐτοὶ τὸ δοκεῖν ὄντες, καὶ καθὼς φρονοῦσι καὶ συμβήσεται αὐτοῖς, οὖσιν ἀσωμάτοις καὶ δαιμονικοῖς. *Ad Smyrn.* c. 2. Das Particip ὄντων darf nicht mit quod oder quippe qui aufgelöst werden, wie die alte lateinische Uebersetzung, auch Holstein und darnach die deutschen Uebersetzer gethan haben, da es von συμβήσεται abhängig ist und statt des Infinitivs ἔσεσθαι steht.

2) 1. Kor. 15, 51.

Heilmittel der Unsterblichkeit, ein Gegenmittel, daß wir nicht sterben, sondern leben in Jesu Christo immerdar[1])."

Beide Ausdrücke sind überaus treffend, weshalb sie von den späteren Kirchenvätern und den Theologen häufig gebraucht werden[2]). Der eine, Gegenmittel gegen den Tod, erinnert an die Frucht des Baumes der Erkenntniß des Guten und Bösen im Paradiese, durch deren Genuß die Sünde und der Tod in die Welt gekommen ist; der andere, Heilmittel oder Arznei der Unsterblichkeit, an den Baum des Lebens, dessen Frucht Unsterblichkeit verlieh. In der Eucharistie ist jetzt Christus der neue, vom Himmel stammende Lebensbaum, dessen Frucht die Wirkungen des Genusses vom Baume der Erkenntniß aufhebt und jene der Frucht des Baumes des Lebens erneuert. Er spricht dies selbst in seiner denkwürdigen Rede vom Himmelsbrode aus, indem er sagt: „Das Brod, das ich geben werde, ist mein Fleisch für das Leben der Welt. Wenn Jemand davon ißt, der wird nicht sterben. Wer mein Fleisch ißt und mein Blut trinkt, hat das ewige Leben, und ich werde ihn auferwecken am jüngsten Tage; der bleibt in mir und ich in ihm[3])."

In der Eucharistie genießt der Christ den Leib des Herrn und geht so in sein unsterbliches Leben und verklärtes Sein wesenhaft ein. Er lebt nun in Christo und Christus lebt in ihm. In Christo aber ist er gegen den Tod, dem hienieden Alles, was nicht in Christo ist, in der sittlichen und materiellen Welt unterliegt, gesichert; denn er lebt in einer neuen Lebenssphäre, die dem Tode und seiner Herrschaft entrückt ist. So lange er in dieser Lebensverbindung bleibt — und er bleibt darin, wenn er durch wiederholten Genuß der himmlischen Lebensspeise sie immer wieder erneuert, immer wieder den Glauben und die Liebe und in diesen das übernatürliche Leben speist und nährt — so lange bleibt er der Sphäre und Macht des geistigen und leiblichen Todes entrückt. Denn seine Seele lebt dann in Christo das ewige Leben, und sein in Christo geheiligter Leib hat die Hoffnung und Bestimmung, in himmlischer Verklärung vom zeitlichen Tode zu erstehen und das ewige Leben der Seele zu theilen.

So ist also dem Ignatius die Eucharistie der wahre Leib und

---

1) Ἕνα ἄρτον κλῶντες, ὅς ἐστι φάρμακον ἀθανασίας, ἀντίδοτος τοῦ μὴ ἀποθανεῖν, ἀλλὰ ζῆν ἐν Ἰησοῦ Χριστῷ διὰ παντός. Ad Ephes. c. 20.
2) Auch vom Conc. Trid. sess. 13. c. 2. — 3) Joh. 6, 50—57.

das wahre Blut des Heilandes, ein Opfer und zwar dem Wesen nach dasselbe Opfer, wie das Opfer am Kreuze, aber in unblutiger Darstellung, daher ein Sühnopfer und Speiseopfer zugleich. Als solches ist es der Mittelpunkt der gottesdienstlichen Feier, das wunderbarste Geheimniß des christlichen Glaubens und das sichtbare Denkmal der göttlichen Liebe, ein himmlisches Liebesmahl, ein Gegenmittel gegen den Tod, ein Heilmittel der Unsterblichkeit und das Unterpfand des ewigen Lebens.

Aus diesen wunderbaren Wirkungen der Eucharistie erklärt sich, weil der wesentlichste Act des gemeinsamen Gottesdienstes die Feier des eucharistischen Opfers und der Genuß desselben von Seite der anwesenden Gläubigen war, die in den Sendschreiben so oft wiederkehrende Aufforderung zur vollzähligen Theilnahme an demselben und zum eifrigen Empfange der Eucharistie [1]).

Daraus erklärt sich dann auch die große Sehnsucht nach dem Himmelsbrod als der Wegzehrung in die Ewigkeit, von der wir das Herz des heiligen Martyrers selbst auf seinem Todesgange nach Rom bewegt sehen.

Dieses sehnsüchtige Verlangen hat er in seinem Briefe an die Christen von Rom in der rührendsten Weise ausgesprochen. Da schreibt er, sie dringendst mahnend und herzlichst bittend, sie möchten nichts für seine Freilassung thun, die schönen Worte: „Nichts werden mir nützen die Freuden der Welt, Nichts die Reiche dieser Zeit. Besser ist es für mich, für Jesum Christum zu sterben, als zu herrschen über die Grenzen der Erde. „Denn was nützt es dem Menschen, wenn er die ganze Welt gewinnt, an seiner Seele aber Schaden leidet[2])?" Ihn suche ich, der für uns gestorben ist; nach ihm verlange ich, der unsertwegen auferstanden! Meine Geburt steht bevor[3])! Verzeihet mir, Brüder! Hindert mich nicht, daß ich lebe; wollet nicht, daß ich sterbe; gebet mich, der ich Gott angehören will, nicht der Welt hin! Lasset mich reines Licht empfangen! Dort angelangt, werde ich ein Mensch Gottes sein. Gestattet mir, ein Nachahmer des Leidens meines Gottes zu sein! Wenn ihn Jemand in sich trägt, der versteht es, was ich will, und habe Mitleid mit mir, da er weiß, was mich bedrängt . . . Denn lebend schreibe ich euch, voll Liebe zum Sterben. Meine Liebe ist gekreuzigt, und in mir ist kein Feuer, das Erdendinge liebt,

---

1) *Ad Ephes.* c. 13; *ad Philad.* c. 4. — 2) Matth. 16, 26.
3) D. i. die Geburt für den Himmel im Martertode.

sondern lebendiges und redendes Wasser ist in mir, das aus meinem Innern mir zuruft: Komme zum Vater¹)! **Ich habe keine Freude an verweslicher Nahrung, noch an den Ergötzlichkeiten dieses Lebens. Das Brod Gottes will ich, das Himmelsbrod, das Brod des Lebens, das da ist das Fleisch Jesu Christi, des Sohnes Gottes, der in der jüngsten Zeit aus dem Samen Davids und Abrahams (Mensch) geworden; und den Trank Gottes will ich, sein Blut, das da ist ein unverwesliches Liebesmahl und ewiges Leben²).**"

Es kann nicht dem mindesten Zweifel unterliegen, daß in diesen Worten der gottliebende Martyrer sein innigstes Verlangen nach der eucharistischen Himmelsspeise ausspricht. „Brod Gottes" bezeichnet bei ihm die Eucharistie³). Ueberdies werden die Ausdrücke „Brod Gottes", „Himmelsbrod", „Brod des Lebens" von ihm selbst in ihrem specifischen Sinne ausdrücklich bestimmt. Dann stellt er in diesem seinem Sehnsuchtswunsche die unvergängliche Speise der vergänglichen gegenüber. Ist nun bei dieser an einen wirklichen leiblichen Genuß zu denken, so auch bei jener. Und endlich ist die eucharistische Speise wirklich keine verwesliche, sondern eine unverwesliche Speise, der verklärte Leib des Herrn⁴). Wie er keine Liebe mehr hat zu Allem, was

---

1) Dieses „lebendige und redende Wasser" ist nach den Worten des Herrn und der Erklärung des Evangelisten (Joh. 4, 10; 7, 38) der heilige Geist, der Paraklet, welcher ihm dieses Verlangen eingegossen und mit seinem Worte an seine Seele sprechend, ihn beständig zum Martertode ruft als zur Heimkehr in die himmlische Heimath.

2) Οὐχ ἥδομαι τροφῇ φθορᾶς, οὐδὲ ἡδοναῖς τοῦ βίου τούτου. Ἄρτον Θεοῦ θέλω, ἄρτον οὐράνιον, ἄρτον ζωῆς, ὅς ἐστιν σὰρξ Ἰησοῦ Χριστοῦ, τοῦ υἱοῦ Θεοῦ, τοῦ γενομένου ἐν ὑστέρῳ ἐκ σπέρματος Δαυὶδ καὶ Ἀβραάμ· καὶ πόμα Θεοῦ θέλω, τὸ αἷμα αὐτοῦ, ὅ ἐστιν ἀγάπη ἄφθαρτος καὶ ἀέναος ζωή. Ad Rom. c. 7; cf. c. 6. Wie hier ἀγάπη im concreten Sinne für „Liebesmahl", für ein „Liebesmahl mit unverweslicher Speise" zu nehmen ist, so oben S. 86 für „Liebesdenkmal".

3) Ad Ephes. c. 5 et 20.

4) Daraus erhellt, daß einige Erklärer diese Stelle mit Unrecht auf den Genuß der himmlischen Seligkeit, auf die Anschauung der verklärten Menschheit Christi im Himmel gedeutet haben. Zu den obigen Gründen kommt dann noch der entscheidende Umstand, daß hier die allgemeinen Ausdrücke „Brod des Lebens", „Himmelsbrod" durch den besonderen „das ist das Fleisch Jesu Christi", und ebenso „Trank Gottes" durch „sein Blut" näher bestimmt sind, so daß hiedurch deutlich genug angegeben ist, was unter jenen zu verstehen sei. Wür-

vergänglich ist, so auch kein Verlangen darnach. So groß aber seine Sehnsucht ist nach der Vereinigung mit seinem göttlichen Meister im Martertode, so groß ist auch sein Verlangen nach dem Genusse seines verklärten Fleisches und Blutes; denn in ihnen empfängt er ihn selbst, wird er leiblich und geistig mit ihm eins und erhält er die Kraft, für seinen Herrn und Erlöser zu sterben, das Heilmittel der Unsterblichkeit, das Gegenmittel gegen den Tod, das Unterpfand der glorreichen Auferstehung. Gleichwie also der in Christo sterbende Gläubige auch jetzt vor Allem nach dem Empfange der Eucharistie verlangt als dem Brode des Lebens und der himmlischen Wegzehrung: so verlangte auch dieser gotterfüllte apostolische Martyrer auf der Reise zum Martertode nach ihr und sprach dieses sein Verlangen gerade gegen die Kirche aus, in deren Mitte er sterben sollte und zu sterben verlangte.

Der berühmte Apostelschüler und Martyrer Ignatius verbürgt somit nicht blos einen der wichtigsten Punkte des christlichen Glaubens und Lebens, er stellt sich zugleich in seiner gottinnigen Sehnsucht nach der himmlischen Wegzehrung auch als ein schönes Muster zur Nachahmung dar.

§. 3.
Die übrigen Sacramente.

Wie Ignatius nur gelegentlich, meistens blos in paränetischer Weise, auf den kirchlichen Gottesdienst und die Feier der Eucharistie zu reden kommt, so geschieht dies auch in Bezug auf die übrigen

---

den diese Worte von dem Genusse der Seligkeit in der Anschauung der verklärten Menschheit des Erlösers zu verstehen sein, so hätte das Umgekehrte geschehen, das Besondere durch das Allgemeine erklärt werden müssen. Auch läßt sich nicht absehen, warum Ignatius nur nach der Anschauung des verklärten Menschensohnes verlangt haben sollte. Die innere Stimme ruft ihm ja zu: „Komme zum Vater!" Ueberdies ist zu beachten, daß „Blut" ($αἷμα$) als Bild von der himmlischen Seligkeit gar nicht gebraucht werden kann; daß bei dieser Auffassung der ganze zweite Theil des Wunsches ganz überflüssig und tautologisch wäre; daß somit gerade die Unterscheidung von „Fleisch" und „Blut" ($σάρξ$ καὶ $αἷμα$), wie im Briefe an die Philadelphier (c. 4. S. oben S. 82), wo ebenso wie hier die allgemeinen Ausdrücke εὐχαριστία durch σάρξ τοῦ κυρίου und ποτήριον durch αἷμα in ihrem engeren Sinne specificirt sind, deutlich anzeigt, es sei vom eucharistischen Genusse und nur von diesem die Rede.

Sacramente. Es kann uns daher nicht überraschen, wenn er nicht aller Erwähnung thut.

Der Taufe erwähnt er dreimal. Einmal, indem er sagt, ohne Bischof dürfe nicht getauft werden[1]). Dann, wenn er verlangt, daß die Taufe, das ist, die Taufgnade, bleiben solle als Schild, die Liebe als Speer, die Geduld als Gesammtrüstung[2]). Die wichtigste Stelle ist aber das merkwürdige Wort: Christus „wurde geboren und getauft, damit er durch sein Leiden das Wasser reinigte[3])." Die Geburt und Taufe des Herrn im Jordan erinnert den Heiligen an die christliche Taufe als das Bad der Wiedergeburt aus dem Wasser und dem heiligen Geiste und in der Erinnerung daran sagt er: Die Menschwerdung und Taufe und der Opfertod des Herrn haben stattgefunden zur Reinigung des Wassers. Er meint damit offenbar die reinigenden, heiligenden und belebenden Wirkungen des Taufwassers. Die Taufe setzt er aber deshalb und mit vollem Rechte mit dem Leiden des Herrn in Zusammenhang, weil alle Gnade und alles übernatürliche Leben vom Kreuze stammt, aus dem Leiden des Gottmenschen entspringt[4]). Dieses Leben nun, das seinen Ursprung im Leiden und Tode des Erlösers hat, wird dem Menschen zunächst mitgetheilt in der Taufe, in der er aus Gott im Wasser und heiligen Geiste wiedergeboren wird. Es ist somit ein tiefer Gedanke, daß Christus geboren und getauft wurde, damit er durch sein Leiden das Wasser reinigte, das will heißen, damit er mit dem Taufwasser eine göttliche Kraft vereinigte, so daß der Mensch, wenn er in demselben getauft wird, zum wahren Leben wiedergeboren wird. Außerdem ist darin auch der wichtige Gedanke enthalten, daß die Taufe ihre reinigende, heiligende und wiedergebärende Kraft aus dem Leiden des Herrn habe, also aus sich wirke kraft der Anordnung Christi und auf Grund seines Erlösungsverdienstes (ex opere operato).

Der Firmung gedenkt der Heilige nicht speciell, wahrscheinlich aus dem Grunde, weil sie damals gewöhnlich mit der Taufe verbunden war. Doch bedient er sich einiger Ausdrücke und Bilder, die den Gedanken daran nahe legen. So wenn er in den oben angeführten Worten an die Christen in Smyrna von der Waffenrüstung des

---

1) *Ad Smyrn.* c. 8. — 2) *Ad Polyc.* c. 6. — 3) *Ad Ephes.* c. 18. S. oben S. 16. — 4) Ἀφ' οὗ καρποῦ ἡμεῖς ἀπὸ τοῦ θεομακαρίστου αὐτοῦ πάθους. *Ad Smyrn.* c. 1.

Christen spricht, ihn mit einem Krieger Gottes vergleicht und warnt, ein Fahnenflüchtiger zu werden; ferner wenn er daran erinnert, daß die Gläubigen sich nie mehr mit der stinkenden Salbe der Lehre des Fürsten dieser Welt salben dürfen, nachdem sie die Geistesgabe, das Charisma des heiligen Geistes, den der Herr wahrhaft gesendet hat, empfangen haben [1]).

Bestimmter deutet er das Sacrament der Buße an als die Wiederversöhnung sündhafter Gläubiger und die Wiederaufnahme Abgefallener in die kirchliche Gemeinschaft. Dazu sah er sich im Briefe an die Christen zu Philadelphia veranlaßt; denn in dieser Gemeinde hatten die Irrlehrer zeitweilig einige Anhänger gefunden und eine Spaltung hervorgerufen, die Ignatius bei seiner persönlichen Anwesenheit daselbst und dann durch seinen Brief an sie zu schlichten versuchte. Wir finden dort Solche, welche stets zum Bischof gehalten, und Andere, die sich von ihm getrennt und die kirchliche Gemeinschaft aufgegeben hatten. Jene lobt er, diese fordert er zur Rückkehr in die kirchliche Einheit auf und stellt ihnen die Wiederaufnahme in dieselbe und die Aussöhnung mit Gott in Aussicht. Er schreibt: „Alle, die Gott und Jesu Christo angehören, halten es mit dem Bischof; und Alle, die sich bekehren und in die Einheit der Kirche zurückkehren, auch sie werden Gott angehören, damit sie nach Jesum Christum leben [2]).“ Ferner: „Allen also verzeiht der Herr, die sich bekehren, **wenn sie sich bekehren zur Einheit Gottes und zur Rathsversammlung des Bischofs.** Ich vertraue der Gnade Jesu Christi, der von Euch lösen werde jegliches Band (der Sünde) [3]).“ Der Gedanke, den hier Ignatius ausspricht, ist: die geistige Einheit mit Gott führt zur sichtbaren Einheit mit dem Bischof, d. i. in die sichtbare Kirchengemeinschaft; und umgekehrt: wer mit dem Bischof in

---

1) Μὴ ἀλείφεσθε δυσωδίαν τῆς διδασκαλίας τοῦ ἄρχοντος τοῦ αἰῶνος τούτου . . . . λαβόντες Θεοῦ γνῶσιν, ὅ ἐστιν Ἰησοῦς Χριστός. Τί μωρῶς ἀπολλύμεθα, ἀγνοοῦντες τὸ χάρισμα, ὃ πέπομφεν ἀληθῶς ὁ κύριος. Ad Ephes. c. 17.

2) Ὅσοι γὰρ Θεοῦ εἰσιν καὶ Ἰησοῦ Χριστοῦ, οὗτοι μετὰ τοῦ ἐπισκόπου εἰσίν· καὶ ὅσοι ἂν μετανοήσαντες ἔλθωσιν ἐπὶ τὴν ἑνότητα τῆς ἐκκλησίας, καὶ οὗτοι Θεοῦ ἔσονται, ἵνα ὦσιν κατὰ Ἰησοῦν Χριστὸν ζῶντες. Ad Philad. c. 3.

3) Πᾶσιν οὖν μετανοοῦσιν ἀφίει ὁ κύριος, ἐὰν μετανοήσωσιν εἰς ἑνότητα Θεοῦ καὶ συνέδριον τοῦ ἐπισκόπου. Πιστεύω τῇ χάριτι Ἰησοῦ Χριστοῦ, ὃς λύσει ἀφ' ὑμῶν πάντα δεσμόν. L. c. c. 8.

Verbindung tritt, der tritt auch in Gemeinschaft mit Gott. Deshalb fordert er ausdrücklich: Bekehrung zur Einheit mit Gott und zur Rathsversammlung des Bischofs.

Will also der Sünder, der die Einheit mit Gott, oder der Abtrünnige, der auch die Einheit mit der Kirche aufgegeben hat, wieder in die Gottgemeinschaft gelangen, so kann dies nur unter Vermittlung der kirchlichen Stellvertretung Gottes oder durch die Wiederherstellung der k i r ch l i ch e n Einheit geschehen. Die Bekehrung muß daher vor Gott und vor der Kirche, weil zu beiden erfolgen. Er tritt so lange nicht in Verbindung mit Gott, als er sich der kirchlichen Autorität nicht fügt, als er die Einigung mit der Kirche nicht herstellt. Der Grund davon ist, weil, wie Ignatius selbst die Sache darlegt, die Kirche ideal und real mit Christo zusammengegossen ist, so daß sie Einen mystischen Organismus bilden, der von Einem Leben durchströmt ist[1]). Niemand kann in dieses Leben eintreten, ohne der Kirche anzugehören. Eine Bekehrung zu Gott allein ohne Vermittlung der Kirche unter Auflehnung gegen ihre Vorsteher ist daher unmöglich, weil diese Gottes sichtbare Stellvertreter sind, und weil die Einigung der Gläubigen mit ihnen Gottes Wille und Gesetz ist.

Da nun dem so ist, so muß nach der Auffassung unseres Apostelschülers dem kirchlichen Vorsteherthum, dem Bischof und seiner Rathsversammlung oder den ihn umgebenden Presbytern, ein richterliches Urtheil über die Würdigkeit des Wiederaufzunehmenden und die wirkliche Wiederaufnahme in die kirchliche Gottgemeinschaft selbst zustehen.

Nicht minder deutlich bezeugt Ignatius die S a c r a m e n t a l i t ä t d e s O r d o. Zunächst dadurch, daß er die kirchlichen Vorsteher als Stellvertreter Jesu Christi ansieht. Diese Stellung, die sie kraft göttlicher Anordnung einnehmen, die übernatürliche Heilsthätigkeit, die ihnen als solchen obliegt, die besondere göttliche Gewalt, die sie hiezu besitzen, setzt eine eigene Berufung und Fähigmachung für ihr Amt und ihre Thätigkeit von Seite Gottes voraus. Berufen nun werden sie nach der Willensmeinung Jesu Christi, in ihr Amt aber eingesetzt vom heiligen Geiste[2]). Durch die Gnade des heiligen Geistes also werden sie zur giltigen und rechtmäßigen Ausübung ihres Amtes fähig gemacht. Der geheimnißvolle Act aber, durch den ihnen

---

1) *Ad Ephes.* c. 5. *Trall.* c. 11. *Smyrn.* c. 1. S. oben S. 35.
2) S. oben S. 47.

diese Befähigung zu Theil wird, ist die Ordination. Sie ist somit ein besonderer Gnadenact des heiligen Geistes.

Eine andere Andeutung der sacramentalen Würde des Ordo ist darin gegeben, daß der Bischof eine **Gnade Gottes** und die Priester= schaft ein **Gesetz Jesu Christi** genannt ist. Ignatius preist den Diakon Sotion von Magnesia als einen ganz würdigen Mann und möchte sich seines Umgangs stets erfreuen ganz besonders aus dem Grunde, „weil er **gehorsam ist dem Bischof als einer Gnade Gottes und der Priesterschaft als einem Gesetze Jesu Christi**[1])."

Diese Forderung, daß man der Priesterschaft gehorchen müsse als oder wie einem Gesetze Christi zeigt an, daß das Priesterthum eine positive Anordnung Christi in der Kirche ist; denn nur wenn es eine solche ist, kann es in seiner Gehorsam heischenden Stellung mit einem Gebote des Herrn verglichen werden. Diese Bedeutung, die hier „Gesetz" hat, gibt uns auch den richtigen Sinn an die Hand, den wir mit dem Worte „Gnade Gottes" zu verbinden haben. Sie sagt uns, daß auch „Gnade" nicht von einem inneren Gnadenzuge, einem Gnadenantriebe zu verstehen, sondern daß sie gleichfalls als etwas Concretes und Positives aufzufassen sei. Wie wir also das Priesterthum als eine positive Anordnung des Herrn anzusehen und zu respectiren haben, so auch das Amt des Bischofs; ja dieses noch vielmehr; denn es steht so hoch über jenem, wie die Gnade über dem Gesetze.

Das bischöfliche Amt kann in der That die „Gnade" schlechthin im concreten Sinne oder die eigentliche **Gnadeninstitution** Gottes in der Kirche genannt werden, da der Bischof der eigentliche Träger aller Weihe= und Gnadengewalt in der Kirche ist, da von ihm die ganze kirchliche Gnadenthätigkeit ausgeht und ausgehen muß, wenn sie zum Heile dienen soll, und da mit dem Bischof die ganze Gemeinde als Gemeinde Gottes in lebendigem Zusammenhang stehen muß.

Aber nicht blos das Bischofsamt ist eine kirchliche oder sacra= mentale Gnadeninstitution, es gilt dies auch vom Amte der Diako= nen. Diese nennt Ignatius geradezu „**ein Mysterium, ein Sa= crament Jesu Christi**[2])."

Unter Mysterium versteht er göttliche Wunderthaten, durch welche die Erlösung der Menschheit vollbracht wurde. Daher nennt er so

---

1) *Ad Magn.* c. 2. S. oben S. 57. Note 2. — 2) *Ad Trall.* c. 2. S. oben S. 59. Note 4.

die Jungfräulichkeit Maria's, die Geburt des Erlösers aus ihr und sein Leiden¹). Sind nun die Diakonen ein Mysterium Jesu Christi, so muß in ihnen eine besondere Gnadenwirksamkeit vor sich gegangen sein; so muß dann ferner ihre Stellung und Wirksamkeit in der Kirche auf die Realisirung des Gnadenwerkes der Erlösung und Heiligung der Welt und der Menschheit sich beziehen: so muß das Diakonat eine sacramentale Institution sein.

Sind aber schon die Diakonen ein Sacrament Jesu Christi, so gilt das noch viel mehr von den beiden höheren Stufen der Stellvertreter Gottes und Christi, den Priestern und Bischöfen. Der sacramentale und priesterliche Charakter dieser folgt dann auch noch daraus, daß sie es sind und zwar allein, welchen es zusteht, das eucharistische Opfer giltig und in heilbringender Weise darzubringen²).

Ueber die Ehe gibt unser apostolischer Lehrer seinem Mitbischof Polykarp folgende Vorschrift: „Es geziemt sich, daß Bräutigam und Braut mit Zustimmung des Bischofs die Vereinigung schließen, damit die Ehe nach Gott sei, und nicht aus Fleischeslust. Alles geschehe zur Ehre Gottes³)." Unmittelbar vorher fordert er den Polykarp auf, die Gattinen zu ermahnen, den Herrn zu lieben und mit ihren Gatten zufrieden zu sein, leiblich und geistig, und fügt dann bei: „In gleicher Weise ermahne auch meine Brüder im Namen Jesu Christi, daß sie ihre Gattinen lieben, wie Christus seine Kirche⁴)." Aus den letzten Worten ergibt sich, daß das ehe-

1) *Ad Ephes.* c. 19. *Magn.* c. 9. S. oben S. 79.
2) *Ad Smyrn.* c. 8. Wenn Zahn (a. a. O. S. 446) sagt, es sei bei Ignatius nirgends von den Bischöfen und Presbytern als Priestern die Rede, so erklärt sich dies daraus, daß er bei Ign. auch keinen wirklichen Altar und kein Opfer erwähnt findet. Beides bezeugt aber Ignatius auf das Bestimmteste. S. ob. S. 81. ff. Wo aber ein Altar und Opfer, da müssen selbstverständlich auch Priester sein.
3) Πρέπει δὲ τοῖς γαμοῦσι καὶ ταῖς γαμουμέναις, μετὰ γνώμης τοῦ ἐπισκόπου τὴν ἕνωσιν ποιεῖσθαι, ἵνα ὁ γάμος ᾖ κατὰ Θεόν, καὶ μὴ κατ' ἐπιθυμίαν. Πάντα εἰς τιμὴν Θεοῦ γινέσθω. *Ad Polyc.* c. 5. Von der kirchlichen Abschließung der Ehe ist also nach Ign. ihre Gottgefälligkeit abhängig. Ohne eine solche in die Ehe zu treten, wäre das Zeichen einer fleischlichen, unchristlichen Gesinnung. Hieraus folgt, daß sie für den Christen eine sittliche Pflicht, also auch kirchliche Ordnung war. Wahrscheinlich gehört auch diese Vorschrift zu jenen „Anordnungen der Apostel" (ad *Trall.* c. 7), an denen man unverbrüchlich festhalten müsse.
4) L. c.

liche Verhältniß der Christen ein Abbild des Verhältnisses Christi zu seiner Kirche sei. Ist aber dies, dann trägt die Ehe in dieser Ab= bildlichkeit einen höheren, übernatürlichen, einen Gnadencharakter an sich. Das ist also die apostolische Auffassung der Ehe[1]).

Christus trat in die Menschheit ein, um sie zu heiligen und die so geheiligte zur unauflöslichen Lebens= und Liebesgemeinschaft mit sich zu verbinden, wie Bräutigam und Braut in der Ehe sich zur unauflöslichen Liebes= und Lebensgemeinschaft vereinigen. Die christ= liche Ehe stellt sich somit dar als ein Abbild der mystischen Ehe Christi und seiner Kirche und daher als etwas Heiliges, als eine geheiligte Verbindung. Weil sie aber dies ist, gehört sie vor die Kirche und soll ohne Zustimmung des Bischofs nicht geschlossen wer= den. Auch dürfen nicht mehr die natürlichen Beziehungen und Triebe die vorherrschenden Motive sein, aus denen diese Vereinigung von Bräutigam und Braut hervorgeht, da ja in der Taufe der alte Mensch ausgezogen und ein neuer, der nach Gott geschaffen, ange= zogen worden ist; vielmehr weil die Ehe keine blos natürliche, sondern geheiligte Verbindung ist, weil die beiden christlichen Ehegatten Chri= stum und seine Vereinigung mit der Kirche darstellen, so soll auch der Beweggrund ein höherer, ein heiliger sein: die Rücksicht auf die eigene Heiligung und eine gottgesegnete, heilige Nachkommenschaft im Reiche Gottes auf Erden und im Himmel. Wenn die Ehe so auf= gefaßt und geschlossen wird, dann ist sie nach Gottes Sinn und Willen geschlossen, subjectiv und objectiv geheiligt, dann repräsentiren die beiden christlichen Gatten wahrhaft Christum und seine Kirche, und stehen Mann und Weib, im Geiste Gottes geheiligt und durch die Liebe und Gnade unauflöslich mit einander geeinigt in vollkommener gegenseitiger Hingabe, als die sichtbaren Abbilder von Christo und der mit ihm in unauflöslicher Einheit verbundenen geheiligten Mensch= heit im Reiche Gottes auf Erden.

Und das ist so und soll so sein vermöge göttlicher Anordnung. Darum soll Polykarp „im Namen Jesu Christi" auf dieses heilige Liebesverhältniß hinweisen und zur unverbrüchlichen Liebe mahnen.

Da jedoch die Verbindung Christi mit seiner Kirche ein Abbild ist seiner Einheit mit dem Vater, da er mit der Kirche so zusammen= gegossen ist, wie mit dem Vater[2]), so hat auch die Ehe als Gnaden=

---

1) Ephes. 5, 32. — 2) Ad Ephes. c. 5. S. oben S. 35.

Institution, als heiliges Bild vom heiligen Bilde, ihren letzten Grund, ihre Urform in Gott selbst, im trinitarischen Verhältnisse der göttlichen Personen. Und so steht die Ehe in der Welt als ein großes Geheimniß, in Christo und in der Kirche, mit dem Segen Gottes und der Gnade der Erlösung geweiht.

Sechstes Kapitel.
Die Lehre von der Rechtfertigung und dem religiös sittlichen Leben.

§. 1.
Princip, Ursprung und Vollendung des christlichen Lebens.

Der tiefsinnige Geist des Ignatius offenbart sich insbesondere auch in seiner Auffassung des Ursprungs und Wesens des christlichen Lebens. Sie kann eine tief mystische, wahrhaft theologische genannt werden.

Was den Ursprung anbelangt, ist das Leben des Gerechtfertigten ein Leben aus Christo. Durch seine Gnade wird es auf Grund des Glaubens und der Liebe in den Menschen gepflanzt. Wer dieses Leben in sich hat, der lebt aus und in Christo und trägt Christum in sich, ist ein Christusträger und ein Gottesträger [1]. Ohne Christus ist der Mensch todt, ein Todtenträger [2]. Denn ohne Christus gibt es kein wahres Leben; er ist „unser wahres Leben", „unser untrennbares Leben", unser „untrennbarer Geist", d. i. unser übernatürliches Lebensprincip [3].

Näher nach seiner Quelle bezeichnet, stammt dieses Leben aus dem Opfertode des Gottmenschen. „**Durch ihn und seinen Tod ist uns das Leben aufgegangen** [4]." Durch seinen Tod hat er Allen das Gnadenleben in wahrer Gottgemeinschaft verdient und in seiner Auferstehung es für Alle ans Licht gebracht. Durch den Tod und die Auferstehung des Erlösers nämlich wurde der Heilsplan Gottes, der auf die Erneuerung des ewigen Lebens in der Menschheit und auf ihre Wiedervereinigung mit Gott abzielt, realisirt. Tod und Auferstehung des Herrn sind daher die objectiven Bedingungen des menschlichen Heiles, worauf Ignatius wiederholt hinweist. Als die subjectiven bezeichnet er den Glauben und die Liebe. Von diesen sagt er ebenso schön als treffend: „**Sie sind der Anfang des Lebens und die Vollendung**[1]." Beide, die subjectiven und objectiven, gibt er zugleich an, indem er im Briefe an die Ephesier bemerkt, daß der Heilsplan Gottes, der den neuen Menschen betrifft, d. i. Christum und den in Christo erlösten und geheiligten Christen, **bestehe im Glauben an ihn und in der Liebe zu ihm, in seinem Leiden und in seiner Auferstehung**[2].

Glaube und Liebe verhalten sich als die Bedingungen dieses Lebens von Seite des Menschen zu einander, wie Anfang und Vollendung. „**Der Anfang ist der Glaube, die Vollendung die Liebe. Sie beide aber, die eins sind, stammen von Gott. Alles Andere, was zu einem tugendhaften Leben sonst noch nothwendig ist, folgt ihnen nach**[3]." Wenige Worte, aber voll tiefen Sinnes! Glaube und Liebe sind stets geeinigt, weil der Glaube die Liebe als Keim in sich trägt, und die Liebe die in den Blüthen und Früchten der Rechtfertigung und guten Werken entfaltete Knospe des Glaubens ist (fides formata). Der Glaube ist der Anfang des Lebens, weil er der Grund und die Wurzel und der Anfang der Rechtfertigung ist[4]. Beide stammen von Gott, sind durch die göttliche Gnade erweckte und mitgetheilte göttliche Kräfte, oder wie der theologische Ausdruck heißt, sind eingegossene, göttliche Tugenden.

Dieses Verhältniß beider wird an einer anderen Stelle desselben Briefes noch anschaulicher gemacht, indem es heißt: „**Euer Glaube ist euer Führer himmelwärts, die Liebe der Weg, der

---

1) Ἔχετε τὴν πίστιν καὶ τὴν ἀγάπην, ἥτις ἐστιν ἀρχὴ ζωῆς καὶ τέλος. Ἀρχὴ μὲν πίστις, τέλος δὲ ἀγάπη. Ad Ephes. c. 14.
2) Προσδήλωσον ὑμῖν, ἧς ἤρξατο οἰκονομίας εἰς τὸν καινὸν ἄνθρωπον Ἰησοῦν Χριστόν, ἐν τῇ αὐτοῦ πίστει καὶ ἐν τῇ αὐτοῦ ἀγάπῃ, ἐν πάθει αὐτοῦ καὶ ἀναστάσει. L. c. c. 20.
3) Τὰ δὲ δύο, ἐν ἑνότητι γενόμενα, Θεός ἐστιν· τὰ δὲ ἄλλα πάντα εἰς καλοκἀγαθίαν ἀκόλουθά ἐστιν. L. c. c. 14.
4) Hebr. 11, 6. Röm. 1, 17; Joh. 3, 36; Conc. Trid. sess. 6. c. 8.

zu Gott hinaufführt¹).“ Der Glaube erleuchtet mit höherem Lichte das Auge des Geistes, so daß wir Gott und sein Wert, unser Ziel im Diesseits und Jenseits erkennen; er zeigt uns also den Weg, der zu Gott führt. Die Liebe ist dieser Weg selbst; sie ist der wirkliche Wandel auf dem Himmelswege, indem sie das im Glauben Erkannte erstrebt und, alle Hindernisse und Beschwerden überwindend, das ersehnte Ziel hienieden in der zeitlichen und im Jenseits in der ewigen Vereinigung mit Gott wirklich erreicht.

Weil der Glaube den Blick in das Heils- und Gnadenwerk Gottes öffnet, so verleiht er auch die wahre Weisheit in Gott. Diese Weisheit ist wesentlich die Lehre vom Kreuze und das Verständniß dieses Geheimnisses. Denn das Kreuz, das den Ungläubigen ein Aergerniß, ist den Gläubigen „Erlösung und ewiges Leben²)“. Doch gewährt der Glaube keine vollkommene Erkenntniß. In Bezug auf Unsichtbares und Geheimnißvolles ist selbst Ignatius, obgleich er Vieles versteht in Gott und selbst himmlische Dinge schreiben könnte, noch ein Schüler. „Vieles nämlich,“ gesteht er, „geht uns noch ab, damit wir Gott nicht verlustig gehen³).“ Er will sagen: Die Mangelhaftigkeit, das Stückwerk unserer Erkenntniß⁴) dient uns zum Heile, indem sie in uns die Demuth des Geistes erhält, dem Glauben das Verdienst verleiht und den Grund unserer Sehnsucht nach der vollkommenen Erkenntniß bildet.

Als der Anfang des Lebens ist der Glaube unbedingt nothwendig. Diese Nothwendigkeit erstreckt sich sogar auf die himmlischen Mächte. „Es täusche sich Niemand!“ ruft Ignatius aus. „Auch was im Himmel ist, auch die Herrlichkeit der Engel, auch die sichtbaren und unsichtbaren Herrscher — auch sie fallen dem Gerichte anheim, wenn sie nicht glauben an das Blut Jesu Christi⁵).“

---

1) Ἡ δὲ πιστις ὑμῶν ἀναγωγεὺς ὑμῶν, ἡ δὲ ἀγάπη ὁδὸς ἡ ἀναφέρουσα εἰς Θεόν. l. c. c. 9.
2) Ad Ephes. c. 18. Smyrn. c. 1.
3) Παρὰ τοῦτο ἤδη καὶ μαθητής εἰμι — πολλὰ γὰρ ἡμῖν λείπει, ἵνα Θεοῦ μὴ λειπώμεθα. Ad Trall. c. 4.
4) 1. Kor. 13, 9.
5) Ad Smyrn. c. 6. S. ob. S. 9. Nach der Meinung mehrerer Väter verfielen die bösen Engel deßhalb der Verdammniß, weil sie dem Sohne Gottes, als er sich ihnen als Erlöser und Haupt aller Creaturen offenbarte, die Anbetung und Huldigung verweigerten. Diese Worte des Jgn. erinnern auch

Auch in Bezug auf die Motive des Glaubens zeigt Ignatius die ihm eigene Tiefe und Vielseitigkeit, indem er fast alle, wenn auch einige nur in kurzen Andeutungen, in seiner plastischen Ausdrucksweise vorbringt. So die **Vorbildlichkeit des alten Testamentes.** In Bezug auf diese macht er es „gewissen Unverständigen" zum Vorwurf, daß sie weder durch die Weissagungen der Propheten noch durch das Gesetz des Moses zur Ueberzeugung gebracht worden sind[1]). Sie hätten also durch die Erfüllung der alttestamentlichen Vorbilder und Prophetien, wie sie im Leben des Herrn augenscheinlich vorlag, zur Erkenntniß gelangen sollen, daß er wirklich der verheißene Messias, Gott und Mensch sei. Dann das Beispiel der Propheten selbst. „Diese sind, von der Gnade inspirirt, im Geiste Schüler Christi geworden, haben auf ihn gehofft, ihn angekündigt und haben für ihn auch Verfolgung gelitten und sind deshalb mitgezählt worden in dem Evangelium der gemeinsamen Hoffnung[2])." Wenn nun sie ihn als ihren Lehrer erwartet und gläubig anerkannt haben: wie sollen wir ohne ihn und ohne den Glauben an ihn das Leben haben können[3])? Ferner das Zeugniß und **das Beispiel der Apostel**, die ihn auch nach seiner Auferstehung gesehen und berührt und mit ihm gegessen haben, die ganz mit seinem Geiste und Leibe, mit seiner Gottheit und Menschheit, in Glaube und Liebe zusammengeflossen sind, die in Folge hievon auch den Tod verachtet und über den Tod erhaben erfunden worden sind[4]). Die Apostel waren somit nicht bloß Augen- und Ohrenzeugen, sie haben auch für die Wahrheit ihrer Lehre mit ihrem Blute Zeugniß gegeben und ihren Glauben mit dem Tode besiegelt. Sie sind darum ebenso vollgiltige Zeugen und Bürgen der Wahrheit des christlichen Glaubens, als vollkommene Muster für jeden Gläubigen. Wie im Martertode der Apostel, so sah Ignatius auch in den **Verfolgungen**, die deren Nachfolger und die Gläubigen überhaupt damals schon zu erdulden hatten, einen Beweggrund, der die Irrlehrer gleichfalls hätte zum Glauben bestimmen sollen. Weil aber

---

an die Frage der Theologen: ob auf Grund der Incarnation die Engel und das erste Menschenpaar die primitive Gnade empfingen, und daher auch die übernatürliche ewige Seligkeit der Engel eine Wirkung des Opfertodes des Herrn sei oder nicht. So viel ist Lehre des Weltapostels, daß Christus auch als Mensch gesetzt ist über alle irdischen und himmlischen Mächte, und daß er ist das Haupt der Kirche und der ganzen Schöpfung. Ephes. 1, 21. Galat. 1, 8.

1) *Ad Smyrn.* c. 5. — 2) *Ad Philad.* c. 5. — 3) *Ad Magn.* c. 8 et 9. — 4) *Ad Smyrn.* c. 3. S. ob. S. 17.

dies nicht geschah, weil sie ungeachtet dieser vor Aller Augen liegenden außerordentlichen Thatsachen in der Leugnung des Gottmenschen verharrten, so nennt er sie „**Sachwalter des Todes, sie, die weder die Propheten noch das Gesetz des Moses, ja bis jetzt selbst das Evangelium nicht, auch nicht unsere Leiden, die wir alle zu erdulden haben, überzeugt haben**[1])."

Daß Ignatius die Autorität und das Lehrwort des Bischofs als Glaubensmotiv erklärt, bedarf nach dem, was oben über das Amt und die Stellung des Bischofs dargelegt worden ist, keiner ausführlichen Beweisführung mehr. Der Bischof ist ihm ja der sichtbare Stellvertreter Christi und des Vaters, sein Lehrwort ist Gottes Wort, ihm muß man gehorchen gleichwie diesem. Wer dem Bischof gehorcht, der gehorcht Gott. Der Gedanke, daß auch der Bischof irren und in die Irre führen könnte, kam unserm Heiligen gar nicht in den Sinn; davon findet sich in seinen Briefen nicht die leiseste Andeutung. Er denkt den Bischof nur in der Einheit mit Christo, eingegangen in seine Willensmeinung, so eins mit ihm, wie die Apostel mit Christo, und wie Christus selbst mit dem Vater. In dieser Willenseinigung des Bischofs mit Christo ist die Gewähr gegeben für die Wahrheit des bischöflichen Lehrwortes.

Christus, die **vollkommene Treue**, der Mund, der nicht lügt, durch den der Vater gesprochen, ist überhaupt der eigentliche, untrügliche Bürge für die Wahrheit des christlichen Glaubens. Dies deutet Ignatius an, wenn er in der oben angeführten Stelle sagt, das „Evangelium" hätte die Irrlehrer zum Glauben bestimmen sollen. Denn unter Evangelium versteht er die Person des Gottmenschen und sein Erlösungswerk [2]).

In sehr origineller Weise spricht sich unser apostolischer Lehrer hierüber in seinem Briefe an die Philadelphier aus, denen gegenüber er sich veranlaßt sah, den Grund seines eigenen Glaubens zu enthüllen. Unter den dortigen Opponenten gab es nämlich auch solche, denen das mündliche Lehramt des Bischofs nicht genügte, die überdies auch den kirchlichen Vorlesebüchern, den **Abschriften der Evangelien und**

---

1) Ὅν (sc. Ἰησοῦν Χρ.) τινες ἀγνοοῦντες ἀρνοῦνται, μᾶλλον δὲ ἠρνήθησαν ὑπ' αὐτοῦ, ὄντες συνήγοροι τοῦ θανάτου μᾶλλον, ἢ τῆς ἀληθείας· οὓς οὐκ ἔπεισαν αἱ προφητεῖαι, οὐδὲ ὁ νόμος Μωσέως, ἀλλ' οὐδὲ μέχρι νῦν τὸ εὐαγγέλιον, οὐδὲ τὰ ἡμέτερα τῶν κατ' ἄνδρα παθήματα. Ad Smyrn. c. 5.

2) Ad Philad. c. 5 et 9. Smyrn. c. 7.

der apostolischen Briefe, keinen Glauben schenkten, sondern erklärten, sie glauben nur das, was in den Originalschriften der Apostel stehe ¹). Diesen fehlte es also gänzlich an der nothwendigen kirchlich gläubigen Gesinnung. Sie anerkannten gar keine Lehrautorität; sie wollten nur selber sehen, lesen und urtheilen. In dieser ungläubigen, subjectivistischen Gesinnung mißtrauten sie sogar dem hochangesehenen Apostelschüler Ignatius, als er sie versicherte, das, um was es sich handle, stehe wirklich in den apostolischen Urschriften. Sie verlangten jetzt, diese Handschriften der Apostel sollten ihnen vorgelegt werden ²), sonst könnten sie nicht glauben — ein ebenso unkirchliches als überhaupt thörichtes und unmöglich zu erfüllendes Verlangen. Denn Ignatius selbst wußte vielleicht gar nicht, wo sich die fraglichen Handschriften eben befanden ³). Diese Opponenten zeigten sich demnach als Schriftgläubige der extremsten Richtung; denn ihnen gaben nur Bürgschaft die

---

1) Ἐπεὶ ἤκουσά τινων λεγόντων, ὅτι ἐὰν μὴ ἐν τοῖς ἀρχαίοις εὕρω, ἐν τῷ εὐαγγελίῳ οὐ πιστεύω. Ad Philad. c. 8. Diese ἀρχαῖα sind nicht, wie man gemeint hat, die alttestamentlichen prophetischen Schriften, sondern die neutestamentlichen der Evangelisten und Apostel, und zwar die Originalschriften, die αὐτόγραφα derselben. S. darüber „Br. d. hl. Ign." S. 147. Diese Urschriften wollten die Opponenten einsehen. „Das Evangelium", das ist sowohl das mündliche Lehrwort des Bischofs als auch die bereits in den Kirchen vorhandenen und als Vorlesebücher benützten Abschriften der evangelischen und apostolischen Schriften, genügten ihnen nicht. Dieser Auffassung stimmt auch Zahn (a. a. O. S. 433 ff.) bei. Es ist mir dies eine Genugthuung für die Art, mit der (theol. Lit.-Bl. a. a. O. S. 118) meine Deutung behandelt worden ist.

2) Καὶ λέγοντός μου αὐτοῖς, ὅτι γέγραπται, ἀπεκρίθησάν μοι· ὅτι πρόκειται. l. c. Es handelt sich bei der Disputation nicht etwa um den Sinn irgend einer (prophetischen) Schriftstelle, sondern darum, ob es geschrieben steht, ob es überhaupt in der Schrift enthalten ist.

3) Man hat mich angeklagt (theol. Lit.-Bl. a. a. O.), daß Ignatius durch mich „einer Lüge beschuldigt würde", weil er nach meiner Erklärung sage, es stehe das Fragliche in den Urschriften, und doch vielleicht nicht wisse, wo sich diese befunden. Diese ganze, gravirende Supposition ist aber unberechtigt. Denn die Kenntniß des Inhaltes der apostolischen Schriften hängt von der Kenntniß des Aufbewahrungsortes derselben nicht im Geringsten ab. Oder wissen wir etwa nicht mehr und zwar ganz gewiß, was in den evangelischen Urschriften stand, weil wir diese nicht mehr kennen, weil sie ganz verloren gegangen sind? Dann hätten wir ja gar keine heilige Schrift mehr. Aber wir können noch immer sagen: „Es steht geschrieben." Warum nicht auch Ignatius?

Buchstaben und die Schriftzüge von der Hand der Apostel und Evangelisten. Natürlich mußte Ignatius, der alles Heil vom kirchlichen Gehorsam und von der innigen Gemeinschaft mit dem Bischof abhängig weiß und macht, eine solche Gesinnung höchlichst mißbilligen. Er thut es auch mit einer Art Entrüstung. Als die Opponenten auf seine Versicherung, um was es sich handle, stehe wirklich in den Original=schriften, entgegneten, sie könnten es nicht glauben, die Handschriften müßten ihnen vorgelegt werden, weist er sofort die ganze Denkweise als unstatthaft und unchristlich ab, indem er den eigentlichen und tiefsten Grund und den wahren Bürgen des Glaubens und auch sei=nes Glaubens enthüllt mit den Worten: „**Mir aber dient statt der Archive Jesus Christus, die unentdeckten Archive sind das Kreuz und sein Tod und seine Auferstehung, und der Glaube, der von ihm stammt. Durch sie will ich durch euer Gebet gerechtfertigt werden**[1].‟ Er will da=mit sagen: Ich gründe meinen Glauben nicht auf die Schrift, auf Tinte und Papier, nicht einmal auf die Handschriften der Apostel, die in irgend welchem mir unbekannten Kirchen=Archive aufbewahrt sind; der Grund und Bürge meines Glaubens ist Jesus Christus selbst, der Gottmensch, seine Person und sein Wirken in der Welt, insbesondere sein Kreuz und sein Tod und seine Auferstehung, durch die er die Erlösung vollbracht hat; ich **gründe meinen Glau=ben auf diese göttlichen und weltkundlichen Thatsachen, die „vollbracht worden sind im Angesichte Derer, die im Himmel sind und auf Erden und unter der Erde**[2].‟

Ignatius beruft sich aber hier nicht allein auf die objectiven

---

[1] Ἐμοὶ δὲ ἀρχαῖά ἐστιν Ἰησοῦς Χριστός, τὰ ἄθικτα ἀρχαῖα ὁ σταυρός αὐτοῦ καὶ ὁ θάνατος καὶ ἡ ἀνάστασις αὐτοῦ καὶ ἡ πίστις ἡ δι᾽ αὐτοῦ· ἐν οἷς θέλω ἐν τῇ προσευχῇ ὑμῶν δικαιωθῆναι. l. c. Bei dieser Disputation muß von Archiven von Seiten der Opponenten die Rede gewesen sein; sonst wäre Ignatius nicht darauf gekommen. Die kirchlichen Vorlesebücher wurden in eigenen Kirchenarchiven aufbewahrt (f. Kreuser, Der christliche Kirchenbau, Regensburg 1860. 1. S. 213 f.) und besonders sorgfältig die Originalschriften der Apostel. Tertullian (de praescript. c. 36) weist die Häretiker auf diese apostolischen Originalschriften hin. Ueber das frühzeitige Verschwinden der=selben s. Reitmayr, Einleitung in die kanonischen Bücher d. N. B. §. 29. S. 184 ff. Am Texte braucht nichts geändert zu werden; er gibt einen ganz guten Sinn, der trefflich die Situation beleuchtet.

[2] *Ad Trall.* c. 9.

Thatsachen der Erlösung als die göttlichen Grundlagen seines Glaubens, sondern auch auf sein eigenes subjectives Bewußtsein, auf seinen von Gott stammenden Glauben. Er weiß es, daß sein Glaube von Gott stammt. Die Bürgschaft dafür trägt er in seinem hochbeglückten, beseligten Bewußtsein. Er weiß und fühlt sich in Christo, weshalb er sich auch den Gottesträger nennt. Diese Berufung auf seinen eigenen Glauben war ganz am Platze. Er stand ja vor den Opponenten als hochangesehener Apostelschüler, der die Apostel noch gesehen und ihren Unterricht genossen hatte, und zudem in Ketten um seines Glaubens willen. Es muß fürwahr ein erschütternder Anblick gewesen sein, wie der hochehrwürdige, heilige, von den Beschwerden der Reise erschöpfte Greis mit Ketten an Soldaten gefesselt dastand und so freudig und begeistert für die Wahrheit des christlichen Glaubens Zeugniß gab. Seine Person und ganze Erscheinung war der kräftigste sichtbare Beweis für diese Wahrheit[1]).

Der eben besprochene, ungemein tiefsinnige Ignatianische Ausspruch ist auch noch in einer anderen Beziehung von Wichtigkeit; denn er deutet auch die Eigenschaften an, welche der rechtfertigende Glaube haben müsse. Diese sind: er muß in formeller Beziehung von Gott stammen, also ein übernatürlicher sein; in materieller Hinsicht aber die Person des Gottmenschen und sein ganzes Erlösungswerk, insbesondere seine Menschwerdung, seinen Kreuzestod und seine Auferstehung in sich zu fassen. Wie Ignatius anderwärts darlegt, genügt aber dies noch nicht; er muß 'auch das Judenthum als vorbereitende göttliche Heilsanstalt, dann die Lehrsätze der Apostel, als des Priesterthums der Kirche, und die Kirche als die Vollendung der Unverweslichkeit, als die vollkommene und unvergängliche göttliche Gnaden- und Erlösungsanstalt, in sich begreifen. „Alles das," sagt unser Apostelschüler, „ist mitsammen gut, wenn ihr in Liebe daran glaubet[2])."

Dann muß der Glaube fest und lebendig sein. „Beeifert euch," lautet deshalb eine Ermahnung an die Magnesier, „festbegründet zu werden in den Lehrsätzen (Dogmen) des Herrn

---

[1]) An Bischof Polykarp schreibt er selbst: „In allem dem —", daß der ausgesetzte Lohn Unverweslichkeit und ewiges Leben „mögen dir ich und meine Bande zum Unterpfande sein." *Ad Polyc.* c. 2.
[2]) *Ad Philad.* c. 9. *Trall.* c. 7. *Smyrn.* c. 6.

und der Apostel¹)." „Seid fest im Glauben²)," ermahnt er die Ephesier. Der Glauben muß sich ferner auch im ganzen Leben des Christen offenbaren, so daß der Bekenner Christi aus seinen Werken erkannt wird. Das Bekenntniß allein genügt nicht. „Denn es handelt sich jetzt nicht um das Bekenntniß allein, sondern darum, daß Einer in der Kraft des Glaubens bis an's Ende erfunden werde³)."

Was Ignatius unter dem Glauben, welchen er den Anfang des Lebens nennt, versteht, ist nun klar. Er versteht darunter nicht ein bloßes Vertrauen auf die Verdienste Christi, auch nicht ein theoretisches Fürwahrhalten der göttlichen Offenbarungswahrheiten, überhaupt keine blos menschliche, rein natürliche Thätigkeit des menschlichen Geistes, sondern eine aus dem Opfertode des Herrn fließende Gnadenkraft, durch welche ein neues Leben im Gläubigen erweckt wird, kraft dessen er sich an Jesum Christum ganz anschließt und hingibt, an ihm als Gottmenschen und Erlöser untrennbar festhält und in inniger Gemeinschaft mit der Kirche, d. i. mit dem Bischofe und der mit diesem geeinigten Gemeinde, lebt und wandelt.

Mit diesem Glauben ist die Liebe stets geeinigt. Auch sie stammt aus dem Blute des Herrn⁴). Sie wird mit Recht die Vollendung des Lebens genannt, weil sie die wirkliche Einigung mit Gott bewirkt. Denn „wer in der Liebe bleibt, der bleibt in Gott und Gott bleibt in ihm: denn Gott ist die Liebe⁵)."

Glaube und Liebe sind aber nicht blos Anfang und Vollendung des Lebens, sondern auch die Vorbedingungen und Grundlagen aller anderen Gnaden und christlichen Tugenden. Denn „alles Andere, was zu einem tugendhaften Leben sonst noch nothwendig ist, folgt ihnen nach." Auf sie kommt darum Alles an: von ihnen hängt Alles ab. Sie müssen daher auch über Alles gehen. „Niemand bilde sich auf seinen Stand etwas ein! Denn Alles kommt auf den Glauben und die Liebe an, die über Alles gehen⁶)." Sie sind die höchsten Güter des Menschen, weil

---

1) Σπουδάζετε οὖν βεβαιωθῆναι ἐν τοῖς δόγμασιν τοῦ κυρίου καὶ τῶν ἀποστόλων. Ad Magn. c. 13.
2) Ad Ephes. c. 10.
3) Οὐ γὰρ νῦν ἐπαγγελίας τὸ ἔργον, ἀλλ' ἐν δυνάμει πίστεως ἐάν τις εὑρεθῇ εἰς τέλος. Ad Ephes. c. 14.
4) Ad Trall. c. 8. Smyrn. c. 1. — 5) 1. Joh. 4. 16. — 6) Ad Smyrn. c. 6. cf. Magn. c. 2.

davon die Rechtfertigung und das Heil in Christo abhängt. Alles muß ihnen darum nachgesetzt werden, selbst das Leben. Der wahre Gläubige muß bereit sein, für Jesum Christum zu sterben. Darin erprobt sich der lebendige Glaube und die vollkommene Liebe. „Christi Leben," lauten die Worte unseres Heiligen, „ist nicht in uns, wenn wir nicht durch ihn es haben" — die Glaubens- und Liebeskraft — „daß wir im Hinblick auf sein Leiden freiwillig in den Tod gehen[1])." Der in diesen Worten ausgesprochene Gedanke ist sehr tiefsinnig. Das Leben des Christen stammt aus dem Tode Christi. Wie nun Christus aus Liebe zu uns gestorben ist, so muß auch der wahrhaft Gläubige bereit sein, aus Liebe zu Christo zu sterben. Sonst ist Christi Leben nicht in ihm.

Im Martertode sieht aber Ignatius deshalb den Beweis der wahren, vollkommenen Liebe[2]), weil er ein Nachahmen des Leidens Gottes ist, d. i. ein Nachahmen der Liebe Gottes, des Vaters, der aus Liebe zu uns den Sohn in den Tod hingegeben hat, und des Sohnes, der in derselben Liebe freiwillig für uns in den Tod gegangen ist. Indem auch der Gläubige sein Leben aus Liebe zu Gott in den Tod hingibt, erweist sich seine Liebe als eine gottähnliche, vollkommene.

§. 2.
Das Wesen der Rechtfertigung.

Aus dem Vorstehenden ergibt sich der Begriff und das Wesen der Rechtfertigung nach Ignatianischer Auffassung von selbst. Wir wollen aber auch diesen Lehrpunkt speciell darstellen, da er von der größten Wichtigkeit und als das Zeugniß eines Apostelschülers hierüber gewiß aller Beachtung werth ist.

Was den Act der Rechtfertigung anbelangt, so sieht ihn Ignatius an als einen gottmenschlichen oder als die Frucht des Zusammenwirkens des menschlichen Willens und der göttlichen Gnade.

Auf Seite des Menschen setzt die Rechtfertigung vor Allem die Bekehrung voraus. Diese Bekehrung hat aber zu geschehen zu Gott und zur Kirche. „Allen nun verzeiht der Herr, die sich bekehren, wenn sie sich bekehren zur Einheit mit Gott und zur Raths-

---

[1] Δι᾽ οὗ ἐὰν μὴ αὐθαιρέτως ἔχωμεν τὸ ἀποθανεῖν εἰς τὸ αὐτοῦ πάθος, τὸ ζῆν αὐτοῦ οὐκ ἔστιν ἐν ἡμῖν. Ad Magn. c. 5.

[2] Martyr. s. Ign. c. 1 et 2.

versammlung des Bischofs¹)." Das Hauptmotiv zur Bekehrung ist die Liebe, die im Menschen auflebt beim Hinblicke auf das, was Gott in Christo für unser Heil gethan hat. Aber auch die Furcht läßt Ignatius als solches gelten. Im Briefe an die Ephesier erinnert er an das nicht ferne Weltende und an das nahende Strafgericht Gottes und sagt: „Es sind die letzten Zeiten! Erröthen wir und fürchten wir uns vor der Langmuth Gottes, damit sie uns nicht zum Gerichte werde. Entweder lasset uns vor dem künftigen Zorne uns fürchten oder die bevorstehende Gnade lieben: eines von den beiden! Daß wir nur in Christo erfunden werden für das wahre Leben²)!" Furcht und Liebe sind also die beiden Motive, sowohl zur Bekehrung für den Sünder als auch zum steten Leben in Christo für den Gerechtfertigten: die Furcht vor Gott wegen seines strengen Gerichtes und der ewigen Strafe, die Liebe zu Gott wegen der Liebe und Gnade, die er uns so überreich in der Zeit und Ewigkeit zu Theil werden läßt. Beide sind gut, weil beide aus einem übernatürlichen Beweggrunde, aus Gott entspringen.

Die Hoffnung auf Bekehrung haben alle Menschen auf Grund des Opfertodes des Gottmenschen³). Die Gläubigen können und sollen durch ihre Fürbitten dazu beitragen, daß diese Hoffnung in Erfüllung gehe, daß alle Gottes theilhaftig werden⁴).

Das die Rechtfertigung selbst wirkende Princip ist die göttliche Gnade. Sie ist als solches und überhaupt ein von Seite des Menschen unverdientes, aber durch den Tod des Erlösers verdientes Geschenk der göttlichen Erbarmung. Daß Ignatius der Ehre und Gnade, um des Namens Jesu willen die Fesseln zu tragen, gewürdigt worden, das verdankt er nicht seinem guten Gewissen, sondern der Gnade Gottes⁵). Er hat Barmherzigkeit erlangt⁶). Die Christen in Rom haben Barmherzigkeit erlangt in der Herrlichkeit des Vaters, des Allerhöchsten, und Jesu Christi, seines einzigen Sohnes: die Kirche in Ephesus ist vorherbestimmt vor den Zeiten zur unvergänglichen und unwandelbaren Herrlichkeit, geeinigt und auserwählt im wahrhaften Leiden, in dem Willen des Vaters und Jesu Christi, unsers

---

1) *Ad Philad.* c. 8. S. ob. S. 95. — 2) *Ad Ephes.* c. 11. — 3) *Ad Ephes.* c. 10. *Philad.* c. 8. *Smyrn.* c. 4. — 4) *Ad Ephes.* l. c. — 5) *Ad Smyrn.* c. 11. *Rom.* c. 9. — 6) *Ad Rom.* l. c. *Philad.* c. 5.

Gottes; die Kirche in Smyrna hat Barmherzigkeit erlangt in jeglicher Gnadengabe¹).

„Gerechtfertigt werden" nennt Ignatius ein Gottestheilhaftigwerden, „gerechtfertigt sein", ein Gottessein, ein Gottangehören²). Das Gottangehören setzt aber die Gottähnlichkeit voraus und diese das Freisein von der Sünde. Schon dieser sein Begriff beweist also, daß Ignatius die Rechtfertigung selbst als eine innere Umwandlung und Erneuerung des sündigen Menschen zur wahren Gottähnlichkeit und sofort zur Gottgemeinschaft auffaßt. Dafür spricht dann auch die ganze bisherige Darstellung seiner Theologie, sowie fast jede Seite seiner Briefe.

Nur Eine Stelle klingt an die Vorstellung an, als würde die Rechtfertigung nur in äußerer Zuwendung der Gnade ohne innere Erleuchtung und Heiligung bestehen. Er richtet nämlich an Polykarp unter anderen auch die Bitte, daß er in der Gnade, mit der er bekleidet ist, seinen Lauf fortsetzen und Alle dazu ermahnen möge, damit sie gerettet werden³). Allein abgesehen davon, daß der Ausdruck „mit der Gnade bekleidet sein" nicht eine äußerliche Gnadenbekleidung, sondern, wie auch bei Paulus⁴), eine innere, im Wesen des Geistes vor sich gehende Gnadenmittheilung bezeichnet, ist hier von der Rechtfertigungsgnade gar nicht die Rede, sondern von der bischöflichen Amtsgnade, mit der Polykarp bekleidet ist, von der nämlichen, von welcher der Apostel an seinen Schüler Timotheus schreibt: „Vernachlässige nicht die Gnade, die in dir ist durch die Auflegung der Hände⁵)." Denn es handelt sich an unserer Stelle darum, daß Polykarp als Bischof so würdig und eifrig, ja noch eifriger als bisher, seinen Lauf fortsetze, seinen Posten versehe in aller leiblichen und geistigen Sorgfalt, damit Alle, die ihm anvertraut sind, gerettet werden.

Betrachten wir nun die Rechtfertigung selbst. Da das Gottangehören die Gottähnlichkeit, und diese das Freisein von der Sünde voraussetzt, so muß die Rechtfertigungsgnade zunächst die Hinwegnahme der Sünde bewirken. Nach Ignatius ist das auch wirklich

---

1) *Ad Ephes. Rom. Smyrn.* Proem.
2) *Ad Ephes.* c. 5 et 8. *Philad.* c. 3. Gewöhnlich heißt aber „Gottes theilhaftig werden" in den bleibenden, ewigen Besitz Gottes kommen. *Ad Rom.* c. 1. 2. 5. 9. *Ad Magn.* c. 14. etc.
3) Παρακαλῶ σε ἐν χάριτι, ᾗ ἐνδέδυσαι, προσϑεῖναι τῷ δρόμῳ σου, καὶ πάντας παρακαλεῖν, ἵνα σώζωνται. *Ad Polyc.* c. 1.
4) Ephes. 6. 14.; Kollof. 3. 12. — 5) 1. Tim. 4, 14.

der Fall. So wünscht er, daß diejenigen in Philadelphia, die seinen beiden Begleitern Unehre angethan, Verzeihung erlangen mögen in der Gnade Jesu Christi [1]). Die Gnade Jesu Christi löst vom Sünder jegliches Band der Bosheit und Sünde [2]). Das ist das eine, negative Moment. Gewöhnlich hebt er aber nicht dieses, sondern das positive, die wirkliche Heiligung hervor. Durch die Gnade Christi wird nämlich die Seele nicht blos von den Banden der Sünde gelöst und gereinigt, sondern auch erleuchtet vom Lichte der Gnade, geweiht, geheiligt und so wirklich Gott ähnlich gemacht. Die römische Kirche ist erleuchtet in dem Willen desjenigen, der alles das gewollt hat, was da ist kraft der Liebe Jesu Christi, unsers Gottes, und ist würdig heilig; die in Tralles ist eine heilige und gotteswürdige Kirche [3]). Die Philadelphier sind Kinder des Lichtes und der Wahrheit [4]). Das ganze **Wesen** der Ephesier ist durch ihren Glauben und ihre Liebe ein **gerechtes** in Jesu Christo, unserm Heilande [5]). Indem der Gerechtfertigte seinem ganzen Wesen nach gerecht, heilig geworden, ist er Gott ähnlich gemacht. Durch den Glauben und die Liebe, die ihm mit der Rechtfertigungsgnade als von Gott stammende geistige Kräfte eingepflanzt worden, wird er Gottes theilhaftig, gehört er Gott an. Da aber Glaube und Liebe und die Gnade selbst vom Kreuze stammen, so wird er in der Rechtfertigung auch Christo am Kreuze, wie ein Glied dem Haupte einverleibt, im Blute Christi wieder lebendig gemacht; und so lebt er nun durch und in Christo, in der Einigung mit Gott das wahre Leben.

In dieser Gerechtmachung und Heiligung des ganzen Wesens des Menschen zur Gottähnlichkeit und in der lebendigen Einigung desselben mit Gott besteht nach unserm Apostelschüler das Wesen der Rechtfertigung. Der Gerechtfertigte erscheint daher nicht blos als ein anderer, er ist es auch in seiner ganzen Denk- und Handlungsweise. Die gottähnliche Gesinnung, wie Ignatius sich ausdrückt, ist ihm nicht blos äußerlich eigen, sondern in der Wiedergeburt der Rechtfertigung angeboren, natureigen geworden [6]).

---

1) *Ad Philad.* c. 11. — 2) *Ad Ephes.* c. 19. *Philad.* c. 8. —
3) *Ad Rom. Trall.* Proem. — 4) *Ad Philad.* c. 2.
5) Φύσις δικαία — weil wieder belebt im Blute Gottes — ἀναζωοπυρήσαντες ἐν αἵματι Θεοῦ. *Ad Ephes.* c. 1.
6) Ἄμωμον διάνοιαν καὶ ἀδιάκριτον ἐν ὑπομονῇ ἐγνων ὑμᾶς ἔχοντας, οὐ κατὰ χρῆσιν, ἀλλὰ κατὰ φύσιν. *Ad Trall.* c. 1.

Von allem dem ist der Sünder das Gegentheil. Der Gegensatz, wie er der moralischen Beschaffenheit der Natur und dem ganzen sittlichen Verhalten nach zwischen dem Gerechtfertigten und Nichtgerechtfertigten besteht, könnte nicht mehr stärker und allseitiger hervorgehoben werden, als dies von Ignatius geschehen ist. Der Nichtgerechtfertigte ist innerlich, in seinem Gewissen unrein, der Gerechtfertigte rein, heilig, ein geistiger Mensch, eine gerechte Natur. Jener ist ein Gewächs des Satans, dieser eine Pflanzung Gottes: jener eine umherwandelnde Leiche, ein Todtenträger, ein Grabmonument, an dem der Name Mensch geschrieben steht; was er thut, trägt den Hauch und Keim des Todes in sich, ist hinfällig und verweslich[1]). Dieser ist ein Christusträger, ein Gottesträger, erfüllt von dem Hauche des unvergänglichen Lebens, so daß er auch unverwesliche Früchte bringt. Jener, der hienieden nur ein Scheinleben hat, weil er den Tod in sich trägt, wird einst werden wie die Dämonen[2]), während dieser in Christo das ewige Leben in sich hat und vom Vater zur Aehnlichkeit seiner Glorie auferweckt werden wird[3]). Jener gleicht einer Münze des Satans, da er sein Wesen an sich trägt und darstellt, dieser einer Münze Gottes, indem er innerlich in seiner geheiligten Wesenheit Gottes Bild und Gleichniß ist, und dieses auch äußerlich in seinem heiligen Leben erscheinen läßt. Dieses treffende Bild gebraucht Ignatius an die Magnesier, an die er schreibt: „Gleichwie es nämlich zwei Münzen gibt, eine Münze Gottes und eine Münze dieser Welt, und gleichwie jede von ihnen ihr eigenes aufgeprägtes Bild hat: so haben die Ungläubigen das Bild dieser Welt an sich, die Gläubigen aber in der Liebe das Bild Gottes des Vaters durch Jesum Christum[4])."

Was der Mensch in der Rechtfertigung geworden, das soll er stets bleiben; er soll untrennbar mit Christo als seinem Leben vereinigt bleiben, stets im Guten wachsen, in guten Werken unverwesliche Früchte bringen. Immer mehr mit seinem natürlichen Leben in das göttliche eingehend, Gottes Sinn und Sitte annehmend, soll er „in guten Werken einen guten Fortgang machen zur Wohlfahrt des Leibes und des Geistes, des Glaubens

---

1) Ad Trall. c. 10 et 11. Philad. c. 3. - 2) Ad Smyrn. c. 2. —
3) Ad Trall. c. 9. — 4) Ad Magn. c. 5.

und der Liebe, im Sohne und im Vater und im Geiste, im Anfange und am Ende¹)."

Aber wie dieses Leben wachsen und zunehmen kann und soll, so kann es auch abnehmen und ganz verloren gehen. Denn da der Mensch, so lange er in der Zeit lebt, veränderlich ist, so ist es auch das Gnadenleben in ihm. In Philadelphia gab es auch Solche, welche die Gemeinschaft mit dem Bischof und damit die Einheit mit Gott aufgegeben hatten. Ignatius warnt in der ernstesten Weise vor dieser furchtbaren Eventualität. Aber er steht ihr sogar selbst persönlich, obgleich er von Gott begnadigt ist, die Fesseln, diese geistigen Perlen, um Christi willen zu tragen, in größter Besorgniß gegenüber. Er trägt in dieser Hinsicht ein doppeltes Bewußtsein in sich: einmal das sichere Gefühl, daß er in Gott lebe, dann aber auch die Ungewißheit, ob er auch in Gott verharren werde bis an das Ende. Diesem wie jenem gibt er wiederholt Ausdruck. Er verlangt zwar für Jesum Christum zu sterben, aber er weiß nicht, ob er auch würdig ist²). Der Anfang ist ganz nach Wunsch, bemerkt er, indem er zum Tode verurtheilt ist, aber er muß fürchten, der Ehre des Martertodes zuletzt verlustig zu werden³). Denn noch ist er nicht vollendet in Christo, noch befindet er sich in großer Gefahr, noch kann er verworfen werden⁴). Denn die neidische Bosheit bekriegt ihn heftig⁵). Der Fürst dieser Welt will ihn an sich reißen, will seinen auf Gott gerichteten Sinn verderben⁶). Er bedarf daher der Sanftmuth, in welcher dieser Widersacher gestürzt wird; er muß sich selbst in der Darlegung der ihm geoffenbarten göttlichen Geheimnisse mäßigen, damit er nicht durch Ruhmredigkeit zu Grunde gehe⁷).

In diesem Bewußtsein der Gefahr baut er nicht auf sich, sondern auf Gott, der die vollkommene Treue ist, und auf das Gebet der Gläubigen für ihn. Diesem Vertrauen einerseits und seiner Furcht andererseits entsprangen seine wiederholten Bitten um die Fürbitte der Kirchen, an die er schreibt. Durch den von Gott stammen-

---

1) Σπουδάζετε οὖν βεβαιωθῆναι ἐν τοῖς δόγμασιν τοῦ κυρίου καὶ τῶν ἀποστόλων, ἵνα πάντα, ὅσα ποιεῖτε, κατευοδωθῆτε σαρκὶ καὶ πνεύματι, πίστει καὶ ἀγάπῃ, ἐν υἱῷ καὶ πατρὶ καὶ πνεύματι, ἐν ἀρχῇ καὶ ἐν τέλει. Ad Magn. c. 13.
2) Ad Trall. c. 4. — 3) Ad Rom. c. 1. Philad. c. 5. — 4) Ad Ephes. c. 3 et 12. Trall. c. 3. Rom. c. 8. — 5) Ad Magn. c. 1. Trall. c. 4. S. „Briefe des hl. Ign." S. 101. — 6) Ad Rom. c. 7. — 7) Ad Trall. c. 4.

den Glauben und das Gebet der Philadelphier will er gerechtfertigt werden¹). Durch das Gebet der Gläubigen in Smyrna hofft er, die ganze Fülle der Gnade im Martertode zu erlangen und Gottes theilhaftig zu werden²). „Gedenket meiner," bittet er die Magnesier, „in euren Gebeten, damit ich Gottes theilhaftig werde³)." „Auch für mich betet, der ich eurer Liebe bedürftig bin in der Erbarmung Gottes, damit ich des Looses gewürdigt werde, das zu erlangen ich trachte, damit ich nicht als ein Verworfener erfunden werde⁴).

Noch dringender ergehen seine Bitten an die Christen in Rom. Ist ja der ganze Brief an sie in der Absicht geschrieben, sie abzumahnen, etwas für seine Freilassung zu thun, sie zu bitten und zu beschwören, ihn nicht wieder der Welt hinzugeben und der Möglichkeit des Todes in der Sünde. Nur Eines verlangt er von ihnen, daß sie für ihn beten, damit er glücklich in Christo vollende. „Nur Eines, Kraft und Stärke von Innen und von Außen erfleht mir, damit ich es nicht allein sage, sondern auch wolle, damit ich nicht nur ein Christ **heiße,** sondern auch als ein solcher **erfunden werde.** Denn wenn ich auch als ein solcher erfunden werde, dann kann ich auch einer genannt werden; und dann kann von mir gesagt werden, daß ich ein Gläubiger bin, wenn ich der Welt nicht mehr sichtbar. Nichts Sichtbares ist ewig⁵): denn das Sichtbare ist zeitlich, das Unsichtbare aber ist ewig⁶)." Der nach dem Martertod sehnlichst verlangende Heilige will mit diesen Worten sagen: Alles Sichtbare ist nicht ewig, daher auch nicht unveränderlich, darum auch nicht das wahre, bleibende Sein⁷); das nie sich ändernde Leben und Sein, d. i. das wahrhaft Seiende, ist das Ewige. Das gilt auch vom Menschen und Christen und von dem Gnadenleben in ihm. So lange er in der Zeit lebt, ist er dem Verluste desselben ausgesetzt. Erst dann kann in Wahrheit gesagt werden, er **ist,** er **ist** ein Christ, wenn er bis

---

1) Ad Philad. c. 8. — 2) Ad Smyrn. c. 11. Ephes. c. 1. — 3) Ad Magn. c. 14. — 4) Ad Trall. c. 12. S. „Briefe d. h. Ign." S. 111. —
5) Das vom handschriftlichen Texte gebotene αἰώνιον ist gegen die Correctur ἀγαθὸν beizubehalten. S. „Briefe d. hl. Ign." S. 121.
6) 2. Kor. 4, 18. Ad Rom. c. 3. — 7) Ad Trall. c. 9 et 10. Smyrn. c. 2.

zum Tode als ein solcher erfunden wird, und wenn er damit der Veränderlichkeit entrückt, nicht mehr dem Verluste des christlichen Glaubens und des Lebens der Gnade ausgesetzt, wenn er in die jenseitige Welt der Ewigkeit und in den Zustand der Unveränderlichkeit eingegangen ist.

Nach Ignatius darf somit der Gerechtfertigte, auch wenn er glaubt in Gott zu leben, doch nicht seines Heiles sich vollkommen für versichert halten, da er bis zu seinem Tode der Gefahr des Verlustes ausgesetzt bleibt. Denn die Gnade des Ausharrens bis an's Ende ist auch ihm eine besondere Gnadengabe (donum gratiae speciale), die im Gebete erfleht werden kann und soll.

§. 3.
Die Früchte der Rechtfertigung; das christliche Leben im Besonderen.

Das innere geheiligte Wesen und Leben des Christen muß sich auch im äußeren Leben und Verhalten als solches kund geben. Dies hat mit derselben Nothwendigkeit zu geschehen, wie der veredelte, gute Baum seiner Natur gemäß auch edle, gute Früchte bringt. „Niemand," lehrt Ignatius, „der den Glauben bekennt, sündigt, und Keiner haßt, der die Liebe besitzt. Den Baum erkennt man an seiner Frucht. So werden auch diejenigen, welche Bekenner Christi heißen, aus ihren Werken erkannt." „Die Fleischlichen können nicht thun, was des Geistes ist, und die Geistigen nicht, was des Fleisches ist, gleichwie denn auch nicht der Glaube die Werke des Unglaubens, noch der Unglaube die Werke des Glaubens[1]."

Der Gläubige und Ungläubige verhalten sich ihrer sittlichen Natur und Beschaffenheit nach, wie der gute und schlechte Baum; beide bringen Früchte nach ihrer Art. Da der Sünder eine Pflanze des Satans ist und den Tod in sich trägt, so sind alle seine Werke vom Hauche des Todes erfüllt, mit seinen Schatten bedeckt, todt, verweslich, d. i. der Nutzen, den sie etwa bringen, vergeht mit der Zeit; oder sie sind, wie in den Irrlehrern, geradezu tödtlich, todbringend. Der Gläubige dagegen als eine Pflanzung des Vaters und als ein

---
1) *Ad Ephes.* c. 8.

Sprößling des Kreuzes, des neuen Lebensbaumes, bringt unverweslische Früchte¹). Diese Unverweslichkeit der Früchte, wie sich Ignatius ausdrückt, ist eine schöne und sinnvolle Bezeichnung der **Verdienstlichkeit** der guten Werke des Gerechtfertigten. Solche Werke sind unverweslich, weil sie in Gott gethan sind; sie bleiben dem Gerechten ewig zur Ehre und zum Verdienste, weil er selbst in Gott lebt. Diese Verdienstlichkeit oder, wie sie Ignatius auch nennt, die **Geistigkeit** kommt aber nicht blos den an sich sittlich guten Handlungen zu, sondern auch den sittlich indifferenten, alltäglichen Werken, wenn sie in Christo gethan, d. i. im Stande der Gnade vollbracht und durch eine gute Intention auf ihn bezogen werden. Unser Gottesträger lehrt dieses, indem er dem allgemeinen Satze, daß die Fleischlichen nicht thun können, was des Geistes ist, und die Geistigen nicht, was des Fleisches ist, von den Ephesiern noch die lobende Bemerkung beifügt: „**Was ihr aber auch dem Fleische nach thut, das ist geistig; denn ihr thut Alles in Jesu Christo**²)." Die Werke, die hier als dem Fleische nach gethan genannt werden, sind nicht die sündhaften, fleischlichen Werke, sondern die rein menschlichen, gewöhnlichen, sittlich indifferenten Handlungen³). Auch sie erhalten eine höhere, vergeistigte Qualität und werden sittlich gute und verdienstliche, wenn sie aus dem übernatürlichen Lebensprincip, das mit der Gnade in die Seele des Gerechtfertigten gepflanzt worden ist, entspringen und auf Gott und seine Ehre bezogen, wenn sie, wie Ignatius sich ausdrückt, **in Jesu Christo gethan werden**⁴).

Im Uebrigen ist das Verdienst, der Lohn für diese guten Werke um so größer, je mühevoller sie gewesen. „**Wo mehr Mühe, dort auch großer Lohn**⁵)." Der apostolische Lehrer setzt seine Seele zum Unterpfande ein, daß die Christen in Smyrna, welche seine beiden Begleiter Philo und Rheus Agathopus ehrenvoll als Diakonen Got-

---

1) *Ad Trall.* c. 11.
2) Οἱ σαρκικοὶ τὰ πνευματικὰ πράσσειν οὐ δύνανται, οὐδὲ οἱ πνευματικοὶ τὰ σαρκικά· ὥσπερ οὐδὲ ἡ πίστις τὰ τῆς ἀπιστίας, οὐδὲ ἡ ἀπιστία τὰ τῆς πίστεως. Ἃ δὲ καὶ κατὰ σάρκα πράσσετε, ταῦτα πνευματικά ἐστιν· ἐν Ἰησοῦ γὰρ Χριστῷ πάντα πράσσετε. *Ad Ephes.* c. 8.
3) *Ad Rom.* c. 8. *Philad.* c. 7. *Polyc.* c. 2.
4) 1. Kor. 10, 31. — 5) *Ad Polyc.* c. 2.; cf. c. 6.

tes aufgenommen und in jeglicher Weise erquickt hatten, des vollen Lohnes nicht werden verlustig werden. Vergelten wird ihnen Alles die vollkommene Treue, Jesus Christus[1]).

Das äußere Leben und Verhalten des Christen nennt Ignatius ein Leben nach Gott, ein Gottnachahmen[2]). Es ist dies eine sehr sinnvolle Bezeichnung. Der Christ lebt aus und in Gott seinem inneren Gnadenleben nach; darum muß es auch nach außen erscheinen als ein Gottesleben, als ein Gottnachahmen. Deshalb will unser apostolischer Lehrer, daß Alle „gleiche Gesinnung und Sitte Gottes annehmen", indem sie einander in Christo lieben immerdar, daß sie „Alle in der Sinneseintracht Gottes leben", Alles „in der Eintracht Gottes thun", das will heißen, wie es der Ordnung Gottes in seiner Kirche gemäß ist[3]). Es erfüllt ihn mit Freude, daß der Bischof in Philadelphia „in aller Sanftmuth Gottes lebt[4])." Er selbst ist, nachdem das Gebet der Gläubigen für die Kirche in Antiochien Erhörung erlangt hat, bezüglich seines eigenen Martertums „wohlgemutheter in der Sorglosigkeit Gottes[5]). Er überläßt es nun ganz Gott, hoffend, daß er auch sein Gebet erhören werde.

Das Bild des wahren Gotteslebens ist gegeben im Leben des Herrn, „da in ihm Gott in Menschengestalt erschienen ist zur Erneuerung des ewigen Lebens[6])." In Folge dessen wird das Gottnachahmen zu einer Nachahmung Jesu Christi, des Gottmenschen. Dieser ist der Eine Lehrer, der die Normen des gottähnlichen Lebens vorgezeichnet und in seinem Leben auf Erden das Ideal der Verwirklichung gegeben hat. Deßhalb fordert Ignatius so oft zur Nachahmung desselben auf: „Nachahmer des Herrn zu sein, das laßt uns trachten." „Werdet Nachahmer Jesu Christi, wie er selbst ein Nachahmer des Vaters ist[7])." Weil also die Gläubigen Christum in sich tragen, darum soll ihr ganzes inneres und äußeres Leben eine Nachahmung des Herrn sein. Wie er die Willensmeinung des Vaters ist und sie auf Erden in seinem Leben realisirt und anschaulich dargestellt hat, so sollen auch sie einträchtig in der Willensmeinung Gottes wandeln. Wie er den Vater in Allem verherrlicht hat, so sollen auch sie in jeglicher Weise Jesum Christum und durch ihn den Vater

---

1) Ad Smyrn. c. 10.
2) Κατὰ Θεὸν ζῆν-μιμηταὶ Θεοῦ εἶναι. Ad Ephes. c. 1. 8. Trall. c. 1.
3) Ad Magn. c. 6. 15. — 4) Ad Philad. c. 1. — 5) Ad Smyrn. c. 1.
— 6) Ad Ephes. c. 19. — 7) Ad Ephes. c. 10. Philad. c. 3 et 7.

verherrlichen[1]). Das wird der Fall sein, wenn sie nach Jesu Christo wandeln, wenn sie ihn nachahmen in seinem Leben, Leiden und Sterben. Dann wird auch ihre Auferstehung eine Nachahmung seiner Auferstehung in der Herrlichkeit des Vaters sein[2]). Selbst das Schweigen des Herrn soll der Christ verstehen und nach=ahmen. „Denn auch was er schweigend that, ist des Vaters würdig[3]).“ Ein schöner Gedanke! Auch sein Schwei=gen war ein Beweis seiner göttlichen Weisheit, Würde und Macht. Christus schwieg in der Krippe, schwieg vor Pilatus und Herodes, schwieg am Kreuze gegen seine Verspotter, schwieg bei seiner Auferstehung, und doch sind dies göttliche Werke und Geheimnisse, hat er in diesem Schweigen das göttliche Werk der Welterlösung vollbracht — aus Gehorsam gegen seinen himmlischen Vater. So offenbarte er sich im Reden und Schweigen als Sohn Gottes und ist in beiden unser Lehrmeister und Vorbild geworden. Der wahre Christ versteht sein Wort und sein Schweigen und ahmt es nach. „Wer das Wort Jesu wahrhaft besitzt, der kann auch sein Schweigen vernehmen.“ Das gilt insbesondere vom christ=lichen Lehrer und Prediger. Er soll Christi Reden und Schweigen verstehen: „damit er vollkommen sei, damit er durch das, was er spricht, wirke, und aus dem, worüber er schweigt, erkannt werde[4]).“ Er wirkt durch sein Lehrwort, indem Andere die Lehre Jesu annehmen und befolgen, und wird aus dem erkannt, was er schweigend thut: er wird als ein Jünger Jesu aus seinem frommen Leben und guten Werken erkannt, die er schwei=gend ohne daraus Rühmens zu machen, vollbringt. Des Lohnes geht er deßhalb nicht verlustig. Denn „Nichts ist dem Herrn ver=borgen, sondern auch dasjenige, was wir im Verbor=genen thun, geschieht in seiner Gegenwart[5]).“

Die Nachahmung Jesu von Seiten des Christen besteht endlich wesentlich darin, daß er Alles so thue, als wohnte Christus in ihm und thäte Alles durch ihn. „Laßt uns also,“ mahnt daher

---

1) *Ad Ephes.* c. 2 et 3. *Smyrn.* c. 4. — 2) *Ad Magn.* c. 5. *Rom.* c. 5. *Trall.* c. 9 et Proem.

3) Εἰς οὖν διδάσκαλος, ὃς εἶπεν, καὶ ἐγένετο· καὶ ἃ σιγῶν δὲ πεποί-ηκεν, ἄξια τοῦ πατρός ἐστιν. *Ad Ephes.* c. 15.

4) Ὁ λόγον Ἰησοῦ κεκτημένος ἀληθῶς δύναται καὶ τῆς ἡσυχίας αὐτοῦ ἀκούειν, ἵνα τέλειος ᾖ, ἵνα δι' ὧν λαλεῖ πράσσῃ, καὶ δι' ὧν σιγᾷ γινώσκηται. l. c.

5) L. c.

Ignatius die Ephesier. „Alles so thun, als wenn er in uns wohnte, damit wir seine Tempel seien, und er selbst in uns wohne, er, unser Gott; was auch der Fall ist und offenbar werden wird vor unserm Angesichte: darum laßt uns ihn lieben, wie er es verdient¹)."

Da ferner die Normen der Nachahmung Christi in seiner Religion gegeben sind, so wird das Leben nach Jesu Christo zu einem Leben nach dem Christenthum. Nachdem wir gewürdigt worden sind, Christi Schüler zu werden, müssen wir lernen, dem Christenthum gemäß auch zu leben. Der Name Christ ist „der gottgefälligste". In diesem Namen muß der Gläubige seine Ehre und sein Heil erkennen. „Denn wer nach einem andern Namen sich lieber nennt als nach diesem, der hat keinen Theil an Gott²)." Aber der Gläubige hat auch die Pflicht, nicht blos einen Christen sich zu nennen, sondern ein solcher auch zu sein und so zu leben, daß seinetwegen dieser Name von den Ungläubigen nicht gelästert werde³). Ueber das Judenthum muß er als einen bitter und böse gewordenen Sauerteig erhaben sein und sich hinwegsetzen; vor der Häresie hat er sich als einem todbringenden Satansgifte auf das gewissenhafteste in Acht zu nehmen. Er darf sich nicht wieder salben mit der stinkenden Salbe des Fürsten dieser Welt, mit der ketzerischen Lehre, damit er nicht seine Beute werde. Er ist ein Gesalbter Gottes: „er hat die Erkenntniß Gottes empfangen, die da ist Jesus Christus," und die göttliche Gnadengabe, die der Herr wahrhaft gesendet hat, den heiligen Geist⁴). Er muß sich darum als einen treuen Kämpfer Gottes und Jesu Christi erweisen und ihm allein zu gefallen bestrebt sein. „Gefallet demjenigen," ruft der Heilige den Christen in Smyrna zu, „dem ihr Kriegsdienste thut, von dem ihr auch den Sold empfanget. Eure Taufe bleibe als Schild und Panzer, der Glaube als Helm, die Liebe als Lanze, die Geduld als volle Rüstung. Eure hinterlegten Schätze seien eure Werke: damit ihr einen Lohn empfanget, der euer würdig ist⁵)."

Den Ungläubigen gegenüber soll das Wirken und der Wandel des Christen gleichsam eine Schule sein, in der sie lernen können. Als

---

1) l. c. — 2) Ad Magn. c. 1 et 10. — 3) Ad Magn. c. 4. Trall. c. 8. Rom. c. 3. — 4) Ad Ephes. c. 17. — 5) Ad Polyc. c. 6.

allgemeine Norm für das Verhalten ihnen gegenüber gibt Ignatius an: daß wir trachten sollen, in der Güte als ihre Brüder erfunden zu werden. Haben wir von ihnen zu leiden, so sollen wir auf Jesum Christum blicken, der so viel geduldet hat. Ihn nachahmend, sollen wir uns ihren Zornausbrüchen und Großsprechereien und Rohheiten gegenüber sanftmüthig, bescheiden und milde gesinnt beweisen; ihrem beständigen Umherschwanken in verschiedenen Lehrmeinungen gegenüber sollen wir uns fest im Glauben zeigen, ihren Lästerungen aber sollen wir Gebete entgegensetzen[1]).

Da das Christenthum in seiner concreten Erscheinung identisch ist mit der Kirche, die Kirche aber der Leib Jesu Christi ist, so fordert endlich das Leben nach Jesu Christo auch die treueste und innigste Hingebung an die Kirche und an ihr Leben in unverbrüchlichem Gehorsam gegen die Gottes Stelle vertretenden kirchlichen Vorsteher, in eifriger Theilnahme am gemeinsamen kirchlichen Gottesdienste, in unzertrennlicher Einheit mit der ganzen Gemeinde. Zorn und Neid darf da keine Stätte haben; vielmehr soll Güte und Liebe walten. Langmüthig sich beweisend gegeneinander, wie es Gott gegen sie ist, sollen Alle einträchtig in geistiger und leiblicher Einheit wandeln in Einem Glauben und Einer Liebe, in Einer Meinung und Rede nach der Willensmeinung Gottes und des Bischofs, in Reinheit und Enthaltsamkeit in Jesu Christo verbleibend leiblich und geistig. Der Leib werde als ein Tempel Gottes bewahrt[2]). „Wenn Jemand jungfräulich, in Enthaltsamkeit zu bleiben vermag zur Ehre des Herrn des Fleisches, so verbleibe er darin, aber ohne daraus Rühmens zu machen. Rühmt er sich deshalb, so geht er verloren, und dünkt er sich mehr zu sein, als der Bischof, so geht er zu Grunde[3])." Er geht zu Grunde, weil Demuth und kirchlicher Gehorsam die nothwendigsten aller christlichen Tugenden sind.

Je inniger der Christ an das Leben der Kirche sich anschließt und hingibt in Glaube und Liebe, Gehorsam, Demuth, Reinheit und Enthaltsamkeit, desto kräftiger wird das Leben der Gnade in ihm sich entfalten, desto mehr ist er gesichert vor Gefahr und Untergang. Von ihr empfängt er auch die geheimnißvolle Speise dieses

---

1) *Ad Ephes.* c. 10. — 2) *Ad Philad.* c. 7.

3) Εἴ τις δύναται ἐν ἁγνείᾳ μένειν εἰς τιμὴν τοῦ κυρίου τῆς σαρκός, ἐν ἀκαυχησίᾳ μενέτω. Ἐὰν καυχήσηται, ἀπώλετο· καὶ ἐὰν γνωσθῇ πλέον τοῦ ἐπισκόπου, ἔφθαρται. *Ad Polyc.* c. 5.

Lebens in dem Fleische und Blute des Herrn. Deßhalb soll er mit größtem Eifer an der Feier der Eucharistie Antheil nehmen und immer wieder den Glauben, welcher der Grund und Anfang, und die Liebe stärken, die da ist die Vollendung dieses Lebens. In der Eucharistie empfängt er das Brod des Lebens und den Trank Gottes, die Arznei der Unsterblichkeit und das Gegenmittel gegen den Tod, wird er ein Christusträger und Gottesträger[1]. Durch sie und in ihr schließt sich immer inniger das Band der geistigen und leiblichen Einheit der ganzen christlichen Gemeinde unter sich und mit Gott in Christo Jesu, bleiben Alle lebendige Glieder des Einen Leibes des Herrn, gottgepflanzte Zweige am Baume des Lebens, welche unverwesliche Früchte tragen.

Siebentes Kapitel.
Der Gegensatz gegen das Christenthum in Doctrin und Praxis.

Der directe Gegensatz gegen das Christenthum in Doctrin und Praxis ist unserm apostolischen Lehrer die Häresie. Darunter begreift er auch das Judenthum, in so ferne es, nachdem es ein bitterer und böser Sauerteig geworden ist, im Gegensatze gegen das Christenthum noch eine Existenzberechtigung behauptet[2]. Insbesondere bekämpft er aber als solche den judaistischen Doketismus.

Die Vertreter dieser falschen, gnostisch-jüdischen Speculation hielten Christum für einen Geist, einen Aeon, der in einer Scheingestalt erschienen sei. In Folge dieses falschen Spiritualismus verwarfen sie die Menschwerdung des Herrn, seinen Tod am Kreuze, die Auferstehung, die Kirche, die Gnadenmittel, den kirchlichen Gottesdienst, überhaupt das ganze Christenthum als göttliche Thatsache und Institution. Sie redeten zwar auch von Christo, aber „mit bösem Betrug", um ihren verderblichen Doctrinen unter diesem Titel um so leichter Aufnahme zu verschaffen[3].

Die Gefahr, von diesem heimlichen häretischen Gifte angesteckt zu werden, war damals eine sehr große. Einzelne dieser Irrlehrer reisten als häretische Wanderprediger förmlich von Stadt zu Stadt[4], um sich in die

---

1) *Ad Ephes.* c. 9. *Rom.* Proem. — 2) *Ad Magn.* c. 8. 10. *Philad.* c. 6. — 3) *Ad Trall.* c. 9. 10. 11. *Philad.* c. 6. *Smyrn.* c. 2. 4. 5. 7. — 4) *Ad Ephes.* c. 9. (S. „Briefe des hl. Ign." S. 49).

chriſtlichen Gemeinden einzuſchleichen, mit allerlei täuſchenden Kunſt=
griffen die argloſen Gemüther zu verwirren und in ihre gottloſen
Irrthümer zu verſtricken. Ignatius hat ein wachſames Auge auf ſie,
warnt eindringlich vor ihnen, deckt ihr gottloſes Weſen und teufliſches
Treiben auf und gibt die Mittel an, ihren Kunſtgriffen zu entfliehen.
Er thut dies nicht, weil ſie in den Gemeinden, an die er ſchreibt, be=
reits Aufnahme oder Anklang gefunden, ſondern um die Vorſteher und
die Gläubigen zur äußerſten Wachſamkeit und Vorſicht zu mahnen.
Nur in Philadelphia ſcheinen ihre Verführungskünſte bei Einigen
verfangen und Oppoſition gegen die kirchlichen Vorgeſetzten hervorge=
rufen zu haben. Dagegen waren dieſe wandernden Irrlehrer in
Epheſus kurzweg abgewieſen worden.

Ihr ſündhaftes, böſes Weſen kennzeichnet Ignatius, indem er
ſagt, daß „ſie keine Pflanzung des Vaters“, „keine Sprößlinge des
Kreuzes" ſind[1]), im Gegentheile „böſe Gewächſe, die nicht unter der
Pflege Jeſu Chriſti ſtehen,“ „Pflanzen und Gewächſe des Teufels,“
„böſe Nebenſchößlinge,“ d. i. entartete Auswüchſe, „die todbringende
Frucht erzeugen. So Jemand davon koſtet, der ſtirbt ſofort daran[2]).“
Sie ſind Atheiſten, Chriſtusleugner, Sachwalter des Todes, Todten=
träger[3]), da ſie im Unglauben den Tod in ſich tragen.

Wie ihr Weſen bösartig und ſataniſch, ſo iſt auch das Wirken
dieſer Häretiker ein durchaus verderbliches und gottfeindliches, ein im
Dienſte des Satans ſtehendes. Sie läſtern Chriſtum, indem ſie leug=
nen, daß er im Fleiſche erſchienen ſei. Aber indem ſie ihn verleugnen,
„ſind ſie vielmehr von ihm verleugnet, da ſie mehr Sachwalter des
Todes als der Wahrheit ſind[4]).“ „Sie gleichen Menſchen, welche
tödtliches Gift mit Weinhonig reichen, das ein Jeder, der es nicht
kennt, freudig nimmt, aber damit in böſer Luſt den Tod hineintrinkt[5]).“
„Sie ſind Wölfe, welche, wenn ſie Glauben finden, „die Gottesläu=
fer,“ d. i. die Rechtgläubigen, „in böſer Luſt erbeuten,“ „wilde Thiere
in Menſchengeſtalt,“ „wüthende Hunde, die heimlich beißen[6]).“

Sie verwüſten das Haus Gottes und „zerſtören mit ihrer böſen
Lehre den Glauben Gottes, für den Jeſus Chriſtus gekreuzigt wor=

---

1) *Ad Trall.* c. 11. *Philad.* c. 3. — 2) *Ad Ephes.* c. 10.
Trall. c. 11. — 3) *Ad Trall.* c. 10. *Smyrn.* c. 5. — 4) *Ad Smyrn.*
c. 5. — 5) *Ad Trall.* c. 7. — 6) *Ad Ephes.* c. 6. *Philad.* c. 2.
Smyrn. c. 4.

den ist." Das heißt: sie verwüsten das Haus Gottes, die Kirche, die sie nicht allein dadurch in Verwirrung und Verderbniß stürzen wollen, daß sie die ihr von Christo gegebene Verfassung zerstören, sondern auch dadurch, daß sie die göttliche Hinterlage des Glaubens, das depositum fidei, die πίστις Θεοῦ, zu beseitigen und an dessen Stelle ihre satanische Lügenlehre zu setzen bestrebt sind. Sie verwüsten aber auch das Haus, den Tempel Gottes in den Herzen der Gläubigen, da sie auch diese um den „Glauben Gottes", um den ihnen eingegossenen, übernatürlichen Glauben zu bringen trachten und so auf den Untergang des Reiches Gottes in deren Innern' hinwirken.

Die Irrlehrer arbeiten somit an dem Untergang des Reiches Gottes in der Welt als Feinde Gottes und seiner Kirche, aber auch an der Zerstörung des Gottesreichs in den Seelen, um diese zu verderben, für die, um ihnen die Gnade des Glaubens zu verdienen, Christus am Kreuze gestorben ist. Sie treten also durchaus als Gottes- und Christusfeinde und sofort auch als Menschenfeinde auf. Und darin offenbart sich ihr teuflisches Unwesen, ihr gottesräuberisches Sinnen und Trachten, das sie reißenden, wilden Thieren ähnlich macht, die den von Gott dem Vater gepflanzten, von Christo gepflegten, mit seinem Blute benetzten Weinberg verwüsten. Darin zeigt sich aber auch das Verbrecherische und Himmelschreiende ihrer kirchenverwüstenden und seelenmörderischen satanischen Wirksamkeit. Dies erwägend, ruft Ignatius den Ephesiern zu: „Täuscht euch nicht, meine Brüder! Solche werden das Reich Gottes nicht erben. Im Gegentheile, wenn schon diejenigen, die dem Fleische nach Solches thaten, sterben mußten, um wie viel mehr, wenn Einer durch böse Lehre den Glauben Gottes zerstört, für welchen Jesus Christus gekreuzigt worden ist. Ein Solcher wird als ein Unreiner in das unauslöschliche Feuer gehen; in gleicher Weise auch derjenige, der ihm Gehör gibt¹)."

Wegen der äußersten Gefährlichkeit dieser Häretiker und der nächsten Gefahr für die Gläubigen, von denselben in Glaubenszweifel hineingeführt und zuletzt um das göttliche Glaubensgut betrogen und zum Abfall verleitet zu werden, warnt Ignatius eindringlichst und

---

1) Μὴ πλανᾶσθε, ἀδελφοί μου. Οἱ οἰκοφθόροι βασιλείαν Θεοῦ οὐ κληρονομήσουσιν. Εἰ οὖν οἱ κατὰ σάρκα ταῦτα πράσσοντες ἀπέθανον, πόσῳ μᾶλλον, ἐάν τις πίστιν Θεοῦ ἐν κακῇ διδασκαλίᾳ φθείρῃ, ὑπὲρ ἧς Ἰησοῦς Χριστὸς ἐσταυρώθη; Ὁ τοιοῦτος ῥυπαρὸς γενόμενος, εἰς πῦρ τὸ ἄσβεστον χωρήσει, ὁμοίως καὶ ὁ ἀκούων αὐτοῦ. Ad Ephes. c. 16.

wiederholt vor ihnen. Er gibt in dieser Beziehung sehr genaue und strenge Weisungen. Mit allem Ernste schärft er den Gläubigen ein, sie gänzlich zu meiden. „Fliehet," ruft er den Philadelphiern zu, „als Kinder des Lichtes und der Wahrheit Spaltung und Irrlehren." „Haltet euch ferne von den bösen Gewächsen, die Jesu Christus nicht pflegt." „Fliehet die bösen Künste und Nachstellungen des Fürsten dieser Welt, damit ihr nicht etwa, von seinem Sinne bedrängt, in der Liebe schwach werdet¹)," d. i. damit ihr nicht durch die schlauen Sendboten des Satans, die Irrlehrer, in Gewissensunruhe und Glaubenszweifel gerathet, darüber die Uebung der Frömmigkeit unterlasset, erkaltet und abtrünnig werdet.

Um dieser Gefahr vorzubeugen, will Ignatius, daß man jeden Verkehr mit ihnen vermeide. „Dergleichen", schreibt er an die Ephesier, „müßt ihr wie wilden Thieren aus dem Wege gehen; denn sie sind wüthende Hunde, die heimlich beißen; vor ihnen müßt ihr auf der Hut sein²)." Wegen dieser großen Gefährlichkeit sollen sie dieselben nicht nur nicht aufnehmen, sondern mit ihnen, wenn es möglich ist, gar nicht zusammentreffen³). Ihre Lehren darf man nicht anhören, sondern muß vor denselben die Ohren verstopfen⁴). Ihre Namen dürfen weder in Privatgesprächen noch bei der öffentlichen Versammlung genannt werden. Ignatius selbst will ihre Namen nicht anführen, da sie Ungläubige sind, bis sie sich bekehren und an Jesum Christum, seinen Tod und seine Auferstehung glauben⁵). Selbst wenn man in der guten Absicht mit ihnen verkehrt, sie zu bekehren, ist große Behutsamkeit nothwendig, wie denn ihre Bekehrung überhaupt sehr schwierig ist⁶).

Für sie gibt es nur Einen Arzt, der sie zu heilen vermag, der Gottmensch Jesus Christus selbst. Nur er, der unser wahres Leben ist, besitzt in seiner Gnade die Macht, ihre Bekehrung im Glauben an ihn herbeizuführen. Deshalb sollen ihn die Gläubigen um diese Gnade für sie bitten. „Nur beten," schreibt er an die Christen in Smyrna, „sollt ihr für sie, ob sie sich etwa bekehren⁷)." Und an

---

1) *Ad Philad.* c. 2. 4. 6. — 2) *Ad Ephes.* c. 6. — 3) *Ad Smyrn.* c. 4. — 4) *Ad Ephes.* c. 9. — 5) *Ad Smyrn.* c. 5 et 7. — 6) *Ad Ephes.* c. 7. *Smyrn.* c. 4.

7) Προφυλάσσω δὲ ὑμᾶς ἀπὸ τῶν θηρίων τῶν ἀνθρωπομόρφων, οὓς οὐ μόνον δεῖ ὑμᾶς μὴ παραδέχεσθαι, ἀλλ᾽, εἰ δυνατόν ἐστι, μηδὲ συναντᾶν, μόνον δὲ προσεύχεσθαι ὑπὲρ αὐτῶν, ἐὰν πως μετανοήσωσιν, ὅπερ δύσκολον. *Ad Smyrn.* c. 4.

die Ephesier: „Betet aber auch für die übrigen Menschen ohne Unterlaß; denn auch für sie ist Hoffnung auf Bekehrung, damit sie Gottes theilhaftig werden¹)." Außer dem Gebete sollen sie ihnen durch ein wahrhaft christliches Leben, durch Nachahmung des Herrn in der Güte und Liebe zur Erbauung sein. Das ist das Einzige, was sie für sie thun können, ohne ihr eigenes Heil zu gefährden.

Indem Ignatius auch den Häretikern das Heil in Christo in Aussicht stellt, ihre Bekehrung für möglich, wenn auch für schwierig hält und deshalb die Gläubigen zur unabläßigen Fürbitte für sie ermahnt: zeigt er seine ächt christliche Menschenfreundlichkeit und Bruderliebe. Nach den scharfen Ausdrücken, deren er sich bedient, um sie zu kennzeichnen und die Gläubigen vor ihnen zu warnen, könnte es scheinen, als wäre sein Gemüth von heftigster Bitterkeit und leidenschaftlichem Zorne gegen diese Sachwalter des Satans erfüllt. Aber dem war nicht so. Auch sind diese von ihm gebrauchten Ausdrücke nicht stärker, als diejenigen, deren sich der Herr selbst und die Apostel bedienten²). Dann waren sie durch die geradezu antichristlichen Bestrebungen und die außerordentliche Gefährlichkeit der damaligen Irrlehrer von selbst nahe gelegt. Mit ihrer Negation der Gottheit und Menschheit des Erlösers und seines ganzen Erlösungswerkes, mit ihrer Verwerfung der Kirche und der ganzen christlichen Heilsordnung erwiesen sie sich in der That als Werkzeuge des Geistes der Lüge zur Aufrechthaltung seines antichristlichen Reiches und zur Zerstörung des kaum gegründeten Reiches Gottes auf Erden.

Je inniger aber Ignatius mit ganzer Seele an Christo als dem Welterlöser sich hingab, je überzeugungsvoller er nur im Glauben an ihn und an seine Lehre das Heil aller Welt erkannte, je klarer ihm die Kirche als die von Gott gestiftete Heilsanstalt für die Menschheit vor Augen stand, mit Einem Worte, je lebendiger sein Glaube, je inniger seine Liebe — und wer könnte hierin den Gottesträger übertreffen? — desto ruchloser mußte ihm das ganze Bestreben dieser Irrlehrer sich darstellen, desto gottloser und antichristlicher mußten sie ihm erscheinen, desto rücksichtsloser mußte ihre Bekämpfung werden. Ignatius sah die junge, kleine Heerde Christi um das Kreuz und um das Opfer des Herrn auf dem Altare versammelt, in einem wunderbaren Lichtkreise göttlicher Wahrheit und Gnade vereinigt, während ringsum die Erde und die Menschen die Schatten und Finsternisse

---

1) Ad Ephes. c. 10. — 2) Apg. 20. 29; 2. Petr. 2, 12 ff. Jud. 4. ff.

des Todes bedeckten. Nun sieht er, wie diese Irrlehrer, als Sendlinge des Fürsten der Finsterniß, dämonischen Gestalten, reißenden Wölfen ähnlich, aus diesem nächtlichen Dunkel hervorstürzen und in die friedliche Schaar eindringen, das Kreuz und den Altar umstürzen, die Heerde des Herrn zerfleischen, das Licht der Gnade auslöschen und die Gottesläufer, die Wanderer zum Himmel für den Fürsten des Abgrundes erbeuten. Wie soll es uns wundern, wenn er ihr satanisches Unwesen, das sie heuchlerisch verhüllt im Innern trugen, aufdeckte, wenn er vor ihren gefährlichen Verführungskünsten auf das ernsthafteste warnte? Als christlicher Bischof und Stellvertreter Gottes, als Sachwalter des Herrn, als von Gott bestellter Hirt, der darüber Rechenschaft zu geben hat, daß ihm keines der ihm anvertrauten Schafe verloren gehe oder entrissen werde, mußte ihn ein heiliger Unwille ergreifen, wenn er derselben und ihrer Bestrebungen gedachte; er mußte sie daher als das, was sie in Wirklichkeit waren, den Gläubigen kennzeichnen, um sie vor ihnen zu schützen.

Er läßt es jedoch bei den Warnungen nicht bewenden; er gibt auch die Mittel an, welche die Gläubigen zu ihrem Schutze anwenden sollen. Da ist es vor Allem die Sanftmuth und Demuth, die er empfiehlt, dann das unverbrüchliche Festhalten an Jesu Christo[1], ferner der Gehorsam gegen den Bischof und die übrigen kirchlichen Vorsteher, überhaupt eine innige Anschließung an die ganze Gemeinde, sofort auch eine eifrige Theilnahme am gemeinsamen Gottesdienste und Empfange der Eucharistie; denn dadurch werden die entzweienden Bestrebungen des Satans gebrochen, wird das Uebel, das er anrichtet, beseitigt, die geistige und leibliche Einheit mit Jesu Christo in steter Belebung des Glaubens und der Liebe genährt und befestigt[2].

Auch unterläßt er nicht, an die Herrlichkeit und Größe der Gnade, die sie besitzen, an die erhabene Würde, die ihnen in Christo eigen ist, zu erinnern, damit sie daran die Größe des Verlustes ermessen können, falls sie Christo abtrünnig, von der Kirche sich lossagen und den Irrlehrern sich anschließen würden. Daher zeigt er sich selbst hocherfreut darüber, daß die Christen in Ephesus, als die

---

[1] *Ad Magn.* 4 et 13. *Trall.* c. 7. — [2] *Ad Ephes.* c. 13. *Trall.* c. 7 et 8. *Philad.* c. 2.

Irrlehrer auf ihrer Wanderung zu ihnen gekommen waren, ihnen gar nicht gestattet hatten, ihren bösen Samen auszustreuen, eingedenk, daß sie Bausteine zum Tempel des Vaters, Reisegefährten zu Gott empor, Gottesträger, Tempelträger, Christusträger, Heiligenträger seien, allerseits geschmückt mit den Geboten Jesu Christi[1]..

1) Ad Ephes. c. 9.